私が本からもらったもの

翻訳者の読書論

鈴木芳子
貝澤哉
永田千奈
木村政則
土屋京子
高遠弘美
酒寄進一
蜂飼耳

駒井稔 編著

私が本からもらったもの

翻訳者の読書論

＊

目次

聞き手 駒井稔

はじめに

駒井稔

私は日曜日の午後の図書館が好きです。天気の良い季節、多くの人びとが行楽に出かけてしまったような午後に図書館にいるのは、本当に本の好きな人ばかりのように思えてくることがあるからです。何冊もの本を抱えている女子高校生、仕事から解放され、楽しそうに本を選んでいる中年の女性や男性、そして本を心底愛しているのが伝わってくる青年たち。編集者という仕事柄、彼らを見ているとホッとするのです。

書店にもたくさんの思い出があります。中学生の時、『ロミオとジュリエット』の文庫本を買おうとして、背伸びしていると笑われるのではないかと店主の前に行くのにどれほど逡巡したか。高校時代、駅からの通学路にあった書店で当時人気のあったマルキ・ド・サドの本を買おうとすると、名物店主に「生意気」と一喝されたことも忘れられません。

本書を手に取っていただいた方々にも、きっと本にまつわるたくさんの思い出があるのではないでしょうか。

さて、作家の須賀敦子さんに『本に読まれて』（中公文庫）というタイトルの書評集があるのをご存知でしょうか。１９９８年の刊行ですからこの本に出会ったのは、今から20年以上も前のこと。その日、私は急ぎの仕事が一段落して、自宅近くの街に散歩に出かけました。すると、開店したばかりの見慣れぬ書店があります。試しに中に入ると、さすがに新しいお店ですから、選書には気合が入っています。棚から次々と本を取り出して見ていくと、一冊の本の前で私の目は釘付けになりました。そのタイトルに驚いたのです。『本に読まれて』。どんな風に本を読むと身に付くか、どんな本が役に立つか。そういうタイトルの本を見慣れていた私は、受身形の「読まれて」という言葉に衝撃を受けました。「本を読む」のではなく「本に読まれて」。なんて素敵なタイトルだろうと躊躇なく単行本を買い求めて帰りました。もちろん、須賀さんのお仕事は知っていましたし、そのエッセイ風の書評も楽しく読みました。しかし、なんと言っても私を魅了したのは『本に読まれて』というタイトルだったのです。

本書で読書についての私の拙い質問に答えていただいたのは、いずれも「本に読まれた」方々だと言っても過言ではないと思います。そしてその「読まれ方」は見事の一語に尽きます。なによりも、本書のタイトルである「私が本からもらったもの」と問うた時の答えの多彩さと深さといったら、毎回、大袈裟ではなく驚愕を禁じ得ませんでした。私の予想をはるかに超える個性的な内容だったからです。

このまえがきを読んでいる皆さんは、きっと教養や知識、深い内的体験など難しそうな話が満載なのだろうと思っていませんか。ある意味では、もちろんその通りなのですが、対談形式で個性あふれる8人の翻訳者の皆さんが披瀝する本のお話は、そういう話題も実に楽しく読めてしまうのです。筋トレしながら娘の本に関する質問に答えてくれた父親、早く自分の話し相手になって欲しいとひたすら世界の名作を大量に与え続けた母親。どの回も本をめぐる心に残るエピソードが満載です。そして最も重要なことは、読書に関する本質的な事柄がきちんと述べられていることだと思います。

8人の方々は、それぞれ外国文学者、職業翻訳家、そして、蜂飼耳さんは詩人・作家です。実は今回ご登場いただいた方は、すべて光文社古典新訳文庫で新訳のお仕事をしていただいた方です。この本のサブタイトルに「翻訳者の読書論」と付けたのは、このような観点から読書が語られることの意義を強調したかったからです。ご存知のように、書店に行けば読書論は数多ありますが、敢えて「翻訳者の」と冠したものは、ほとんど目にした記憶がありません。ですから、蜂飼さんにお願いした日本の古典の現代語訳を含む、異なる言語で書かれた作品を現代の日本に蘇らせることの困難を経験した方々の読書についてのお話はとりわけ新鮮だと思います。

加えてこの対談は、大人の読書人はもちろん、10代、20代の若い世代も意識した内容になっています。お読みになればすぐにお分かりになると思いますが、登場していただいた翻訳者の方々とのお話は、若い世代にも届く内容になっていると思います。

繰り返しになりますが、堅苦しい話ばかりではありません。皆さんの幼少期からの愛読書、思春期の本との付き合い方、本と巡り合った場所、専門に進むきっかけになった本。そして最後に「私が本からもらったもの」をお話いただいています。どの対談もそれぞれの個性あふれるやり取りがあり、実に楽しい読み物になっているはずです。読了後に心に残るのは、まさに読書という営為が、人生におけるどれほど重要な要素かということです。

ここで、この本が成立するきっかけとなった催しについてご説明しましょう。「私が本からもらったもの」というタイトルで、対談形式で行われたイベントの内容は、新しい音声メディア、Voicyで配信され好評を博しました。

イベントの名称は「WATERRAS BOOK FES 2020」。主催は、一般財団法人 出版文化産業振興財団(JPIC)。共催は一般社団法人 淡路エリアマネジメント。昨年秋、２０２０年10月24日~11月8日に開催されました。この時制作されたパンフレットに貝澤哉さんと永田千奈さんに書いていただいたエッセイは、本書にも再録されています。

収録した場所は、神田淡路町にある「ワテラス」です。オフィス、レジデンス、学生マンション、商業施設、コミュニティ施設で構成された、新しい形態の複合施設です。コロナ禍ではありましたが、すべての皆さんに実際に足を運んでいただき、もちろん十分な距離を取ってではありますが、私と直接お話をしていただきました。

冒頭に登場いただいた鈴木芳子さんとの対談は、新訳していただいたショーペンハウアー『読書について』の話題から始まります。作家の全集を読むことを勧める小林秀雄の「読書について」などのエッセイも愛読してきましたが、やはりショーペンハウアーのこの本はすごい。というより、皮肉で逆説に満ち満ちているけれど、最近とみに最良の読書論だと思うようになりました。お読みになった方も多いでしょうが、出だしはこんな風に始まります。

どんなにたくさんあっても整理されていない蔵書より、ほどよい冊数で、きちんと整理されている蔵書の方が、ずっと役に立つ。同じことが知識についてもいえる。いかに大量にかき集めても、自分の頭で考えずに鵜呑《うの》みにした知識より、量はずっと少なくとも、じっくり考え抜いた知識のほうが、はるかに価値がある。

ショーペンハウアーさん、参りました。恥を忍んで書きますが、最近、書籍専用の倉庫に30数年間預けっぱなしになっていた大量の本を、まず段ボール5箱分ほど取り寄せました。生前整理を始めようと思って、というのは冗談ですが（笑）、仕事で必要なものがあったのです。20代の終わりに預けた時の鮮烈な記憶は蘇ってきましたが、今そのたくさんの本が必要かと言えば、残念ながら、そんなことは全くありません。知識も同じことと言われれば、抗弁のしようもありません。

ショーペンハウアーのような辛辣なコメントはもちろんありませんが（笑）、登場いただいた方々の、それぞれの本との付き合い方には、なるほどと納得できて勉強にもなり、触発される要素に溢れています。にもかかわらず、校正紙をチェックしていて、思わずクスリと笑ってしまったことが何回もあり、とにかく読んでいて楽しい本であることは間違いありません。どうぞリラックスしながら読んでみてください。しかし読後に残るものの大きさは予想以上のものであることはお分かりいただけると思います。さらには本書で紹介されたいろいろな本が読みたくなると思います。そのために読書案内を付けました。さあ、今日から新しい読書人生を始めてみませんか！

ブックデザイン：成原亜美（成原デザイン事務所）
装画・挿絵：土屋未久

第1夜

鈴木芳子

ドイツ文学

（すずき よしこ）1987年早稲田大学大学院文学研究科修士課程修了。ドイツ文学者・翻訳家。『ベビュカン』にて独日翻訳賞マックス・ダウテンダイ・フェーダー・東京ドイツ文化センター賞受賞。訳書にショーペンハウアー『読書について』『幸福について』、フォイヒトヴァンガー『宮廷画家ゴヤ』、ヒュルゼンベック編著『ダダ大全』、ローゼンクランツ『醜の美学』ほか多数。

自分の血となり肉となるような読書を

駒井　こんにちは。今日はドイツ文学の翻訳者である鈴木芳子さんに来ていただきました。さまざまな本にまつわるエピソードを伺っていきたいと思います。鈴木さんよろしくお願いします。

鈴木　よろしくお願いします。

駒井　鈴木さんが翻訳をされたドイツの哲学者ショーペンハウアーの『読書について』は、特に読者の反応の強い本なんですね。普通の読書論なのかなと思って読み始めると、読書について予想以上の辛口の内容が書いてある。読書は他人の頭で考えることで自分の頭で考えることとは違うんだよ、ということがショーペンハウアーらしい一種アイロニカルな調子で書かれているんですね。いろいろな種類の読書論とか読書について書かれた本はありますけど、その中でも一番人気があるのはこの本じゃないでしょうか。『読書について』の魅力から語って

いただけますか。

鈴木 私にとってのショーペンハウアーの魅力は、何と言ってもその明快な文章と物事の本質を見据える目にあります。『読書について』の中で特に読者に衝撃を与えたのは、たくさん本を読むことではなく、良い本をじっくりと自分のものにしていくことが大事なんだよと言い切った点ではないでしょうか。彼にとって「読むこと」「書くこと」「考えること」は3点セット。彼は、本を読んでいるとき、私たちの頭は他人の思想が駆けめぐる運動場に過ぎない、たくさん読んでも、後から何も考えずにいると、せっかく読んだものも私たちの中にしっかりと根をおろすことなく、ほとんど忘れ去られてしまうと言っております。「自分の血となり肉となるような読書を」というのが彼の一番言いたいことだと思います。

駒井 なるほど、深いところに響いてくる言葉ですね。ショーペンハウアー自身は大変な読書家だったのですよね。

鈴木 はい、大変なインテリで、外国語も堪能でした。彼のお父さんは裕福な貿易商で、息子を跡継ぎにしたかった。当時、国際的ビジネスはフランス語で行われていましたから、9歳の息子をパリ見物に連れ出し、その後、ル・アーブルの友人宅に預けます。ショーペンハウアーは2年後、フランス語がペラペラになってドイツに戻ってきます。その後、父は15歳になった息子を連れて、2年にわたるヨーロッパ旅行に出発します。この時も半年間ロンドンの寄宿舎に息子を預けており、これでショーペンハウアーは英語がペラペラになります。その他に彼はラテン語、ギリシャ語、スペイン語、イタリア語などにも秀でており、スペイン語は翻訳もしています。グラシアンというスペインの哲学者の本を訳していて、この書はショーペンハウアーが亡くなった後刊行されました。カントの本も英語に訳しています。愛読書はプラトン、アリストテレス、スピノザ、セネカなどです。ゲーテ、シェークスピア、その他古典の作家を大変好んでいました。

駒井 そう聞くと僕などからは遠い存在のように思えてきますが、実は非常に面白い人ですね。鈴木さんがお書きになった解説などを読んでいると、ショーペンハウアーという人はとっても人間的なんです。今の我々は彼の伝記的事実を知っているので、天才的な人だとよく分かるんですけど、それだけではない。財産管理がうまかったり、恋愛に敗れてバイロンに嫉妬したり、ものすごく人間として面白い人なんですよね。

鈴木 そうですね。ショーペンハウアーは「直観的で明白なものは私たちの心を一瞬で鷲《わし》づかみにする」と言っています。素晴らしい。その一方で、概念や抽象的なものをしみじみと受け取るには、心の安らぎと時間が必要であると言っています。現代において直観的で明白なものといえば、写真などビジュアルに訴えるものでしょう。こちらは理屈抜きでたちどころに私たちの心をガッチリ摑みます。これに対して、古典の名著と言われるような本は私たちの心に静かに、しかし強く語りかけてきて、長年にわたって消えることのない深い印象を残します。私たちの時代とショーペンハウアーの時代とでは異なる面も少なくありませんが、直観的で明白なものは私たちの心を瞬時に鷲摑みにし、知性に訴えるものや、しみじみとした味わいのあるものは、人間の心の奥底に深く静かに染み込んでいくというのは、時代を超え国境を超えて変わらないのではないかと思います。

駒井　なるほど。一度本質的なものに迫ってしまえばある意味、時代と国境を乗り越えていける。古典ってそういうものですよね。

鈴木　何百年も前の古典の名著が、時を超えて私たちの心に訴えかける。例えば、現代作家では川上弘美さんが『ニシノユキヒコの恋と冒険』で源氏物語を下敷きにしています。現代のロマンスに置き換えていますが、根底に流れる恋愛感情というものは、源氏物語の世界もわたしたちの世界も、あまり変わってはいない。状況が変わっても、恋する心、悲しみの心というのは人間が普遍的に持っているものだと思います。

駒井　そういう意味では古典と聞くとただ古い時代の作品であるように思ってしまうかもしれない

けど、実は古典というのは現代作品なんですよね。いつの時代にも。ショーペンハウアーはその辺がよく分かっていたんだと思うんですね。ただ読書についても非常に逆説的な物言いで、よくある読書論なのかなと思って普通に読み始めるとかなり厳しい言葉が続くので、ビックリする方もいらっしゃるかもしれない。

鈴木 後頭部を3回殴られたような衝撃を受けると言われました（笑）。

一番最初の愛読書

駒井 確かにそれはありますね。そもそもの鈴木さんの本との出会いというのをちょっとお聞きしたいと思います。生涯で最初と言うとちょっと語弊がありますけれど、一番最初の記憶にある愛読書って何でしたか？

鈴木 愛読書と言うよりも「愛書」と言ったほうがよいと思います。ドイツ・ロマン派の作家E・T・A・ホフマンの『牡猫ムルの人生観』という本です。手元にある岩波文庫は、秋山六郎兵衛さんの訳で昭和12年4刷りです。一番初めに目にしたのは5、6歳のとき。父の書斎にあった本です。この『牡猫ムルの人生観』の扉絵は、鵞鳥ペンをもった猫が机に向かっている図で、これに強い力で惹きつけられました。「この猫は何をやってるの？」と聞くと、父は

「本を書いているんだよ」と答えました。旧仮名で書かれた本なので幼い子どもが読むのには難しいのですが、ずっと好きで、高校を卒業して上京する時に父の書斎から持ってきました。私にとってムルは二次元の書物に収まらない存在でしたから、「この本を持っていってもいい？」ではなくて、「ムルは私が連れていってもいい？」と聞きました。あっさり「いいよ」と許可が下りました。上下二巻、この本は今も持っています。

駒井 「ムルを連れていく」って素敵な表現ですね。一番最初にお読みになったのはおいくつぐらいの時ですか。

鈴木 ちゃんと読めるようになったのは少し年齢が上がってからですが、とりあえず理解できる部分をあちらこちら拾い読みしました。部分的に読むのが大好きだったので。

駒井 部分的に読むのってありますね。子どもが大人の本を読み始めるときは部分読みをしますよね。

鈴木 興味のある部分をばんばん読んで、わからない言葉があると父に聞いていました。父の書斎の本は漱石、鷗外、志賀直哉、あと国木田独歩、三島由紀夫、芥川龍之介、そういった人たちの大変渋い全集がずらーっと並んでいました。

駒井 錚々たる作家陣ですが、そのすべてが全集ですか？

鈴木　全集です。日本近代文学ここにありという感じで、四方八方全集でずらーっと固めてありました。そこにポツンと岩波文庫の古い『牡猫ムルの人生観』があるわけです。ほかに詩集もありました。父の友人の久保忠夫先生が萩原朔太郎や室生犀星の研究者でしたから、その影響もあって、三好達治など詩人の本は父の書斎の中でも特別な場所を占めていました。

駒井　これも全集ですか？

鈴木　全集ではありませんが、久保先生の著書と一緒に詩集が置いてあってスペシャルコーナーになっていました。

駒井　スペシャルコーナーですか。もうこれ以上ないくらいの抜群の環境ですね。

父は読書と筋トレが趣味

鈴木　8、9歳くらいのときから年齢相応の本と並行して、そうした本を拾い読みしていました。父を字引き代わりにして、分からないところは全部父に聞きました。私の父はスポーツが趣味で、テニスと柔道とスキーと水泳が好きだったのですよ。

駒井　でもそんなにご本を持ってらっしゃるんだと、なにより本を読むのが大好きなんでしょう？

鈴木　大好きでした。でも筋トレが趣味で、エキスパンダーとブルワーカーを愛用し、うちに重量挙げのバーベルまでありました。娘が質問するとき、父はたいてい筋トレをしていました。ブルワーカーでトレーニングしながら、腕立て伏せしながら、腹筋を鍛えながら娘の質問にサクサク答えました。

駒井 ブルワーカー、今の若い人は知らない人が多いかもしれないけど、運動用具ですよね。グーっと広げたりだとか一時期はやりましたね。体鍛えながら娘の質問に答えているって、絵としてなんかすごい面白いな。

鈴木 今もよく覚えているのは、夏目漱石の『吾輩は猫である』の「月並み」という言葉と金田夫人のシーンです。彼女は成金の奥様で、お金持ちであることがご自慢の、大きな鼻の持ち主。あだ名は鼻子。迷亭君が彼女のことを「月並みの標本が来ましたぜ」と表現します。私が「月並みって何?」と父に聞くと、「普通であること、平凡であること」という答えが返ってきました。私が「鼻子は鼻が大きいのだから、月並みじゃない!」と言うと、父が腹筋運動をしながら笑うわけです。そのときの私の反応は「この人、腹筋やりながら笑ってる。すごいなー」。でも自分が大人になると、筋トレしながら小学生の娘の質問にスッスッと答えて、笑う余裕があるなんてすごいなーと思います。月並みじゃない(笑)。

駒井 確かに月並みではないですね(笑)。しかしそれだけ本があって自分の娘さんが色々質問したら、「じゃあこれ読みなさい」とか「これ面白いよ」とかそういうこと言いそうなものですよね。

鈴木 父は本を「読みなさい」とはひと言も言わなかったですね。私は好奇心が赴くままにいろいろな本に手を伸ばし、年齢のわりに少し大人びた本を読む子どもだったようです。父自身もそういう子どもだったので、自分に似ているからと鷹揚《おうよう》に構えていたのでしょう。随分あとになって母から聞いた話ですが。

駒井 お父さんが筋トレしながら娘の質問に答えている場面はとてもシュールなのですけれど（笑）、それが鈴木さんの文学との出会いの原点なんですね。

鈴木 原点ですね。

駒井 お父さんは娘とそういう形でコミュニケーションを取っていたわけですね。座ってこの本読みなさいとか言うんじゃなくて、筋トレしながら。

鈴木 父は見た目がちょい悪なんですよ。頭のてっぺんからつま先までちょい悪。そして中身は筋トレ・ウィキペディア（笑）。

駒井 われわれの想像をはるかに超える、すごく面白い方ですね。ところでお父さんだけではなく、本を選ぶ時に、お友達とか先生とかお母さんとかいろんな方から、こんな本を読んだらとか助言がありましたか？

鈴木 小学校3、4年生ぐらいになると、本好きの友達ができて、みんなで情報交換します。一人が「これ面白かったよ」と言うと、「じゃあ私も」と早くも次の読み手が出てきます。小学生の頃は少女たちのスタンダードナンバー『赤毛のアン』『若草物語』や『あしながおじさん』。イギリスは児童文学の質が高くて『メアリー・ポピンズ』『クマのプーさん』『ナルニア国物語』『秘密の花園』等々。いずれも小学生の女の子に長く愛され続けている作品ですね。『若草物語』の四姉妹の中では誰が一番好き？」と聞かれると、みんなが口をそろえて「三女のベスが好き。優しいから」と言うのですが、私は次女のジョーが好きでした。本好きで活発な女の子というのが私の好みにぴったりでした。こういう話題は楽しかったですね。『赤毛のアン』もシリーズ化されていて、大学生になったアン、ギルバートと結婚して6人の子持ちになったアン、『アンの娘リラ』など、みんなで競うように読みました。私が一番好きだったのは初めの『赤毛のアン』でしたね。空想好きでおしゃべりな女の子がたまらなく好きでした。

これぞ大人の本『嵐が丘』

駒井 空想好きでおしゃべりな女の子って、非常に文学的な存在ですよね。本が好きな人間の一番最初の形のような感じがします。その後、だんだんと大人びた読書もされるわけですよね。

当時「あー私、大人の小説読んだな」という印象のあった小説っていうのはどういうものがありましたか？

鈴木 小学校5年生のときに一人で本屋さんに行って、初めて自分のお小遣いで買った本があります。それがエミリー・ブロンテの『嵐が丘』でした。

駒井 小学校5年生ですか！

鈴木 そうなんです。挿絵が全然なくて活字が小さいのですよ。「これぞ大人の本」と思いました。それまでにも恋愛小説は読んでいましたが、そうした少女小説の恋愛とはまったく異質な愛が、ヒースクリフの狂気と紙一重の愛がそこにありました。はまりましたね。私の出た高校は女子高で、宝塚のように女子が男役を演じるのですが、この『嵐が丘』を戯曲化して上演しました。ウケました。次の年もリバイバルになり、嬉しかったですね。

駒井 それが高校生の時ですよね。『嵐が丘』を戯曲化するなんて、すごいなあ。

鈴木 「すごくいいから！　絶対受けるから！」と言って舞台化に踏み切りました。演劇の伝統のある学校で、『オセロ』や『カルメン』などを上演していました。その学年で一番カッコいい女の子がヒーローの役をやる伝統があり、これは歴代受け継がれていきます。『嵐が丘』を舞台化できて本当に良かったと思います。その他に、これは大人の小説であると思ったのが、12

歳の頃に読んだトルストイの『アンナ・カレーニナ』。

駒井 12歳とは早いですね。私は大学生の時に初めて読みました。

鈴木 学校の友達と少女小説を回し読みしていた頃ですが、そのあまたの少女小説から頭一つ抜けた、いや、頭300個分くらい抜けた恋愛小説が『アンナ・カレーニナ』でした。ヒロインのアンナの「愛の種類も心の数だけある」というセリフに、途方もない衝撃を受けました。すべての愛と恋愛小説はこの一言に吸収されちゃう。もう一つ、私がこの作品の中で一番心に残った登場人物がアンナの夫のカレーニンでした。カレーニンは高級官僚です。両親を早く亡くし、高級官僚である伯父に引き取られます。この伯父は皇帝の寵愛も篤い人物でした。カレーニン少年は学業成績抜群で、伯父と同じく官僚になって伯父の地盤を受け継ぎ、出世街道を驀進《ばくしん》します。そして39歳の時に20歳年下のアンナと結婚します。彼の趣味は読書。得意なのはスピーチ。スピーチ原稿を考えるのは彼の好きなお仕事です。私は、その人の一番得意とするものは何か、同時にその人が一番恐れているものは何かということを通して、その人がどういう人間かが浮き彫りになると思っています。カレーニンが一番恐れているものは、自分の妻はもしかしたら自分以外の誰かを愛しているのではないか、ということですね。これは想像するだけでも恐ろしいので、彼は考えないようにしている。でもこれが現実になってしまうわけです。アンナに「青年将校を愛しています。離婚してほしい。子どもの親権は自分に渡してほしい」と言われると、彼は頭の中が真っ白になり、優柔不断な態度を取ります。でもこの時、カレーニンは「私は悪いことをしたわけではないのだから、不幸になるわけにはいかないのだ」と考えます。このワンセンテンスに私は釘付けになりました。それまでは物語というのは主人公の行動を追うもの、ストーリー展開をワクワクしながら楽しむものでした。『トム・ソーヤの冒険』だったらトム・ソーヤと一緒に冒険します。小学校5年生のときに読んだ『赤と黒』も、主人公のジュリアン・ソレルの心理と行動を追体験するものでした。彼は行動する若者でしたから。それから『風と共に去りぬ』のヒロインのスカーレット・オハラも行動するヒロイン、情熱的で思うままに生きる人でしたね。年齢も若く16歳。私と年齢の近い主人公の少年少女が心と身体が一つになって思ったとおりに行動し、読み手である私はそれについていくという読書法でした。ところがこのカレーニンという人物を前に、私は茫然となりました。この「私は悪いことをしたわけではないのだから、不幸になるわけにはいかないのだ」と考える人間は、実は幸福からはるかに遠いところにいます。幸福の絶頂にある人は「不幸になるわけにはいかないのだ」などとは考えない。これは自分の意志と理性、知性の力で何とか踏みとどまろうとする人間の強い思いですね。でも現実には、この人は不幸なのですよ。現実のカレーニンと彼の思い、彼がとろうとする行動はかけ離れていて、そこに引き付けられたのですが、当時の私には摑みきれない何かがあって、自分の気持ちを明確な言葉にすることができませんでした。

駒井 それが12歳ぐらいの時ですか。

鈴木 そうです。私は何十年も疑問としてそのまま持ち続けました。考えていることや思っていること、行動していることが違うということがずーっと気になっていました。

駒井 最初にお読みになった時にカレーニンの気持ちに引っかかって、それからずーっと心の中に置いておかれたわけですね。

鈴木 何十年も経ってから思ったことなのですが、大人の読書というのは、答えのない問いと向かい合うことなのではないでしょうか。もう一つ、こちらも中学生の頃ですが、カントの『実践理性批判』の「常にみずみずしい感動を覚え、畏敬の念を抱かざるをえないものが二つある。それは天上の星と内なる道徳心である」という言葉に出会いました。この言葉に、全身が震えるほど感銘を受けました。いまも夜空の星を見上げるたびにこの言葉を思い出します。この文章を見たとたんに、うわっーと胸の奥から感動がこみあげてきて、満天の星空の下に一人立つ自分を思い浮かべ、それは私を幸せな気持ちにしました。天上の星は私にとって文句なしに崇高なものでした。その一方で、私は自分の内なるモラルが崇高なものとは思えませんでした。私はこれも何十年も疑問として持ち続けることになります。途方もなく強い力で私を捉えながらも、決して私の中で解決することができなかった問題。これを10代のころからずっと抱き続けている。だから私の読書の仕方は12歳くらいの時から成長していないのではないか、と思いますね。読んだ量が増えただけで、基本的な姿勢というのはあまり変わっていないような気がします。

駒井 中学生の時にカントですか。先ほど答えのない問いとおっしゃってましたけど、そういうことなんですね。他の作品をたくさん読んでも最初に抱いた問いを持ち続けていたということですね。

鈴木 そうですね。ぜんぜん考えない作品というのもありますけれどね。おもしろかった！ で終わるものももちろんありますね。

駒井 僕なんかもカレーニン、アンナ・カレーニナの夫の話に戻すと、最初、大学生の時に読んで、30代の初めにもう一度読んだんです。でもその時もカレーニンの言葉がそんなに僕には落ちてこなかった。だけど、50代で古典新訳文庫で『アンナ・カレーニナ』を刊行するときに読んで、一番感情移入したのがカレーニンだったんですね。僕の場合自分が50歳を過ぎるまで分かりませんでした。やっぱりアンナの生き方とか恋人のヴロンスキーとかそっちのほうばかりに気を取られていた。お若い時にカレーニンという存在を深い所で捉えていて、それをずーっと本を読むときの根源的な問いのありかたに据えて、何を読むときもそれを決して忘れなかったというお話は、今まであまり伺ったことのない読書体験のような気がします。

じわじわ分かってくる読書体験

鈴木 たぶんトロいだけですよ（笑）。感動する力は大きいけれども、それを咀嚼する力が弱いのだと思います。

駒井 感動してもすぐに無理に咀嚼しないで、そのまま何十年も持ち続けると、ある時、あーこういうことかなって分かる時がくるということですね。

鈴木 そうですね。

駒井 分からないからといってすぐに投げ出さずに、分からないことをずーっと抱えていると、ある時それが分かるようになるっていうことはありますよね。それは方程式が解けるというのではなくて、本質的な何かが分かってくるということ。そういうことですよね。

鈴木 現実の世界で小説の登場人物と似たような体験をしたときに、じわじわ分かってくることがありますね。例えば、トルストイの『幼年時代』の「深く愛することができるものだけが深く悲しむことができる」という一文がそうです。この言葉は心に染みました。それまでの私は、悲しみというのはネガティブな感情で、悲しいことがあっても抑えなければいけない、人間は常にハッピーでなければいけないと思っていました。でも、この一文に接して、悲しんでよいのだと気がつきました。トルストイに悲しむことを許されたような気がしました。トルストイには「多感であっていただきたい」という言葉があります。愛することと悲しむことは表裏一体を成している。深く愛することができる、深く悲しむことができる。これは一つの能力なのだと。これは感情の世界における大転換、コペルニクス的転回でした。

駒井 本を読んでその言葉が深く胸の中に刻印されて、それがいろいろな現実の体験の中でまた気づきにつながっていく。それがまさに本物の読書体験なんですね。そういえばトルストイはドイツ語もできましたよね。それこそショーペンハウアーなども愛読してたわけですけれども。鈴木さんがドイツ文学に進むきっかけについて伺いたいと思います。ここまでお話をお聞きしていると、ドイツ文学も日本近代文学もイギリス文学も、ものすごくたくさんお読みになっている。そこからどのようにドイツ文学がご専門になっていったのですか?

鈴木 私は中学生くらいのときからヘルマン・ヘッセが好きでした。高橋健二さんの訳で文庫本が出回っていました。中学・高校・大学時代も、卒業してからもヘッセが好きという女性は必ず周りにいて、ヘッセの話で盛り上がります。「ヘッセを原文で読みたい」というのが、私がドイツ語を専攻した理由でした。ですから初級ドイツ語が終わるとすぐに本屋さんに走って、早速ヘッセの原文テキストを買ってきました。ヘッセは初級ドイツ語が終わった段階で読めるという素晴らしい作家です。彼自身、バイオリン演奏と水彩画が得意でした。彼の文章は音楽的で、彼の風景描写は水彩画のごとく美しい。初めて原文で読んだ時は、その美しさにとにかく感動しましたね。ドイツ語で読む醍醐味ここに極まれりという感じです。それからドイツ・ロマン派の作家が特に好きでした。先ほど言ったE・T・A・ホフマン。ホフマンの作品というのは本当にファンタジック。パラレルワールドの名手ですね。

駒井 僕もホフマンは大好きなんです。

鈴木 そうですか。『黄金の壺』は、不器用な大学生がひょんなことから魔法の世界に入り込む話ですね。『砂男』はちょっと怖い。自動人形オランピア、今で言うロボットが登場します。歌ったり踊ったりできる大変美しいロボットに恋をした男性が破滅していく物語です。『スキュデリー嬢』は腕のいい宝石細工師の話です。宝石の美しさに魅せられて、宝石細工を依頼してきた人に自分が細工した宝石を渡すのが惜しくなり、ついには次々と依頼主を殺して宝石を奪っていきます。パラノイアと腕のいい職人との境界線、ノーマルとアブノーマルの境界線はどこにあるのかを私たちに問いかけてきて、そんなところも魅力的です。ドイツ語圏には好きな作家が多かったので、ぜひ原文で読みたいと思い、それがドイツ語を学び始めた理由です。

駒井 今は翻訳もたくさんなさっていますけれど、やはり原文で読みたい。ドイツ語で書かれた原典にあたりたいという思いが強かったのですね。ヘッセとかホフマンの。

鈴木 翻訳物だと、どうしても一枚ベールがかかってしまうのですね。自分で翻訳をしている人間がこんなセリフを言っていいのかな。そのベールを取り払いたいという気持ちが強くて。原文で読むと作家の息遣いがそのまま伝わってきます。

駒井 うらやましいお話ですね。外国語が満足に読めない人間からすると(笑)。

鈴木 作家の精神世界にそっくり入れるという強みがあります。ドイツ語を大学で学ぶとだいたいのドイツ語圏の作家が独りで読めるようになるので、読書の幅がぐんと広がりますね。喜びが深くなる。作家と直接向かい合うことができるので、それがとても嬉しい。

一人の作家の作品を全部読む

駒井 こういうお話を伺っていると今からでも一生懸命外国語を勉強しようかなという気持ちにな

りますね。書かれたままの原文に向き合えるというのは、何ものにも代えがたい喜びがあるのだなと。とても羨ましいし、重要なことだと思います。ところで若い人にすすめたい読書の方法というのはありますか？

鈴木 少女時代の体験ですが、一つの作品を気に入ったらその作家の作品を全部読むという方法があります。私の友達は福永武彦のファンで、彼の作品を片っ端から読んでいましたし、フランソワーズ・サガンが好きだった友人は、彼女の作品を片っ端から読んでいました。こういう入り方はとてもいいですね。それから友人同士で感想を語り合うのもお勧めです。本の貸し借りだけではなく、具体的に「この本のここが良かった」「私はこの箇所にグッときた」などと意見を交換します。感動ポイントは人によって違いますし、自分が見落としていたところも見えてきます。本の感想には、その人の体験やものの考え方、感受性などが反映されるので、相手をよりよく知ることができて友情も深まります。

駒井 今、僕は定期的に猫町倶楽部という読書会に参加しているんですけど、そこでの体験がとても新鮮なので、本当に楽しいんです。一つの本をこういう読み方ができるのかとか、ここが面白いのか、とか。毎回、気づきや驚きがあるんですね。話は戻りますが、一人の作家の作品を全部読むという読書体験ってすごく重要だと思いますね。

鈴木　ヘッセの作品はかなり読みました。『プレッセルのあずまやで』という小品があります。日本ではあまり知られていないかもしれません。まだ学生だった詩人のメーリケとヴァイプリンガーが敬愛する先輩詩人ヘルダーリンを訪ねる話です。擬古文というか、ちょっと古めかしい文体です。ドイツ人の中にはこれはヘッセの文体ではないという方もいらっしゃるのですが、私はむしろヘッセが過去の詩人たちに敬意を表して意図的に少し古風な文体にしたのではないかと考えており、好きな作品の一つです。

駒井　大変興味深いお話ですね。そういう作品とめぐり逢えるわけですね。ここまでのお話で、もう結論をおっしゃっていただいたようなものですが、「本からもらったものはなんだと思いますか？」と私が問いかけたときに、どのようにお答えいただけますか？

鈴木　ズバリ生きることですね。生きる喜び、それから生きる勇気、感動と教養、友情と勇気。これですね。よく「筋肉は裏切らない」と言われますね。私はさらに「感動は裏切らない。教養は裏切らない」と続けたい。「より良い人生を歩むための三つのK」として「筋肉、感動、教養」をあげたいと思います。

駒井　なんと、筋肉も入るんですね！

鈴木　はい、身体の健康も大事です。教養は異文化、他国の文化を理解することから始まります。

私は、詩人の魂を知ることから文化は始まると考えております。今の若い方たちに、例えば中原中也の『汚れつちまつた悲しみに』をお勧めしたいと思います。この詩をスマホの画面を磨きながら口ずさんでください。「汚れつちまつた悲しみに今日も小雪の降りかかる。汚れつちまつた悲しみに今日も風さへ吹きすぎる」。この「風さへ吹きすぎる」のところで、スマホの画面に自分の息をそっと吹きかけてください。これで小さな悲しみは吹き飛ぶかと思います。

駒井 泉下の中原中也も今、感慨深い思いをしてるのではないかと思います。それから、「教養というのは他国の文化を知ることから始まる」っていうのは示唆に富んだ言葉ですね。それが「私が本からもらったもの」になっていくわけですね。

鈴木 本当にそうですね！

駒井 素晴らしいお話を伺って充実した時間でした。今日はありがとうございました。

鈴木 こちらこそありがとうございました。

読書案内

＊アルトゥール・ショーペンハウアー『読書について』（鈴木芳子訳、光文社古典新訳文庫）
＊川上弘美『ニシノユキヒコの恋と冒険』（新潮文庫）
＊E・T・A・ホフマン『牡猫ムルの人生観』（石丸静雄訳、角川文庫）
＊夏目漱石『吾輩は猫である』（岩波文庫）
＊エミリー・ブロンテ『嵐が丘』（小野寺健訳、光文社古典新訳文庫）
＊レフ・トルストイ『アンナ・カレーニナ』（望月哲男訳、光文社古典新訳文庫）
＊ヘルマン・ヘッセ『プレッセルのあずまやで』（伊藤寛訳、『ヘルマン・ヘッセ全集』第7巻収録、臨川書店）
＊中原中也『汚れつちまつた悲しみに……中原中也詩集』（集英社文庫）

＊

第2夜

貝澤哉

ロシア文学

（かいざわ はじめ）1963年東京生まれ。早稲田大学大学院ロシア文学専攻博士課程単位取得退学。早稲田大学文学学術院教授。著書に『引き裂かれた祝祭　バフチン・ナボコフ・ロシア文化』（論創社、2008年）、共編著『再考ロシア・フォルマリズム　言語・メディア・知覚』（せりか書房、2012年）。翻訳に、ゴロムシトク『全体主義芸術』（水声社、2007年）、ナボコフ『カメラ・オブスクーラ』『絶望』『偉業』（光文社古典新訳文庫、2011、2013、2016年）など。

最も原始的なタイムマシン、あるいは書物の危険な匂い

貝澤 哉

かつて私は本を買ったせいで、警察に捕まったことがある——いきなりこんな書き出しから始めると、やぶからぼうに何を言い出すのかと訝しがられるかもしれないが、それは、旧ソ連時代の末期、たしか1990年のモスクワでのことだ。当時留学生としてソ連の首都に暮らし、ロシア文化の研究に従事していた私にとって、大学や図書館での作業の合間に、ひまを見ては書店や古本屋をまわって必要な書籍を探すことは重要な日課となっていた。けれど社会主義体制の末期、食料品や生活物資は極度に不足し、自炊するための鍋や、勉強に必要な電気スタンドでさえなかなか手に入れられなかった時代に、モスクワの大きな書店は、一見するとさまざまな本であふれてはいたものの、本当に買いたいと思えるような本が売り場に並ぶことはめったになかった。

真に貴重で読みたいと思えるような書物は売り場に出るはるか以前に横流しされ、闇市場でしか手に入らなかったからだ。

当時、モスクワの有名書店の前には、大きなバッグを抱えた異様な風体の男たちが必ずと言っていいほどたむろしていて、入り口を入ろうとすると、手のひらに乗るくらいの小さな紙にボールペンで細かく題名を書いた紙をこちらにちらつかせながら、「何を探してるんだ?」と口々に尋ねてくる。そこで、「○○の作家の本はないか」とか、紙に記された題名を指して「これを見たい」などと言うと、バッグのなかからこっそりと本を取り出して見せてくれる。さらに値段の交渉をして折り合えば、売買成立となるわけである。

もちろんこれは、計画経済の国では非合法なのだろうが、モスクワの大きな書店や古本屋街ではごく日常的に見られた光景で、一般市民たちも当たり前のように闇の本屋を利用していた。ところがあるとき、古書店街クズネツキイ・モストの一角でそうした闇屋の一人からある文学書を手に入れた私がその場を離れようとすると、コートを着た男二人が近づいてきて同行を求めた。手にしていた身分証には「捜査課」の文字が見えた。この日は珍しく、私服の刑事が闇取引の摘発のため張り込んでいたのだった。私は近くの地下鉄駅構内にある警察署に連れていかれ、尋問を受け調書を取られた。幸いソ連時代には、この種の行為について外国人の罪を問わない特例があり、日本のパスポートを持っていることが分かると、調書が完成したところで私はもう帰っていいと告げられた。文学書は没収されたが、親切にも支払ったルーブル紙幣を返してくれたのだった。

こうしてこのときは事なきを得たが、今あらためて考えてみると、この体験には、本を読むことの本質に通じる何かが潜んでいるようにも思えてくる。もちろん今の日本で、本を手に入れたり読んだりするのにこうした危険や障害に出会うことはまずない。何の変哲もない文学書を買っただけで警察に連行されるなどという体験は、あくまで社会主義や全体主義という不自由で特殊な社会だけの話だといえばそれまでだろう。だがそれならば、本を手に入れることが犯罪や、ときに命がけの行為にすらなる、というテーマを持った作品がいまだに世界中で作られつづけているのはなぜなのか。ブラッドベリの『華氏451度』やエーコの『薔薇の名前』のような古典的作品は言うに及ばす、ポランスキーの映画『ナインスゲート』やSFアクション映画『リベリオン』でも、書物に接することが人の運命を変え、その生死をも左右する。日本でも、有川浩の『図書館戦争』シリーズが話題となり、映画や漫画、アニメにまでなったのは記憶に新しい。どうして書物は、こうしたSFやミステリ、サブカルも含めた私たちの想像力を掻きたてつづけるのか。

あきらかに問題は、たんに上っ面な思想統制への反対や言論の自由の擁護などにあるのではない。それは、書物という存在そのものが本質的にはらむ、より根源的な特質と深くかかわっているはずだ。重要なのは、こうした作品のなかでは、本を手に入れて読むことはつねに、自分のなかで何かが根本的に変ってしまうこと、あるいは、周囲の世界との関係やその見え方ががらりと変更されてしまうことと結びついている、という点だろう。

本を手に入れて読んだ主人公たちは、ある意味で生まれ変わり、あるいは慣れ親しんだ当たり前の日常とはまったくちがう世界の存在に気づいてしまう。SFやファンタジー、冒険物語のプロットの定型からいえば、じつはこれは「変身（生まれ変わり）」や「試練・イニシエーション」の物語の典型的なあり方にほかならない。主人公は冒険や試練のなかで書物を通してイニシエーションを受け変身することで、謎を解決したり、重要なアイテムを獲得したり、危機を切り抜けたりする。昔話の機能分析で名高いプロップの用語を借りれば、ここでは本は、主人公に超人的な力を与える打出の小槌や草薙剣《くさなぎのつるぎ》のような「呪具」の役割を果たしているわけだ。それにしても、どうして本は、そうした物語のなかで、好んで呪具として取りあげられるのだろうか。

書物という存在の特徴を原理的に突き詰めれば、この問いに答えるのはさして困難ではない。本は、今では紙や電子的ファイルで作られているが、岩石や酸素のようなたんなる自然的・物質的なマテリアルではない。当然のことだが、書物は言葉が書かれているからこそ書物なのであり、それは、匿名や集団的・共同体的なものも含めて、過去のだれかが発した言葉の痕跡だ。しかもたいていの場合、その言葉を遺した過去の人間と、私たちは会うことすらできない。プラトンでも紫式部でもダンテでもよいが、私たちは千年から数百年以上前の作品でも、書物の形で読むことができる。生身の人間としてはもちろんすでに死んでいて、時代も場所も遠くへだたり、会うことなど絶対に無理だが、本を媒介とすることで、千年の時や距離を超えて、過去の人間と直接コンタクトできる。つまり書物は、それ自体が「今ここ」という時空を超えるための装置、いわば最も原始的なタイムマシンにほかならない。それによって私たちは、時間・空間的に有限な自己の限界を打ち破ることができるのである。

こう考えれば、SFやファンタジー、ミステリなどの冒険物語と、書物とのあいだの見過ごすことのできない決定的な結びつきはもはやあきらかではないだろうか。本は、まるでタイムスリップものやタイムマシンもののSF冒険ドラマのように、過去の見も知らぬ場所や、まったく異なる文化・文明、別世界とのありえないコンタクトを可能にし、本来不可能なはずの死者との対話すら難なく実現してくれる。つまり原理的には、そもそも本を手に入れること、読むこと自体が、異界への瞬間移動であり、常識的で変哲もない日常からの脱出であり、それによって自分が生まれ変わり、周囲の世界への見方もがらりと変ってしまうことを意味している。だからこそ、書物ほど冒険物語の呪具にふさわしいアイテムはないのであり、主人公たちはひたすら本を求め、そのために生死を賭けることも厭わないのだ。この原理的特性ゆえに、本を買いに行き、手に入れ、その最初のページを開いて読みはじめる行為のなかには、どんなに意識されていなかろうと、どこか危険な冒険の匂いや、はらはらドキドキさせる緊張感がつねにまとわりついているはずなのである。

夏目漱石を繰り返し読む

駒井　こんにちは、駒井稔です。本日はロシア文学者の貝澤哉さんにお越しいただきました。貝澤さんが翻訳されているナボコフのロシア語作品の話はもちろん、本についてのいろいろなお話を伺っていきたいと思います。よろしくお願いします。

貝澤　よろしくお願いします。

駒井　貝澤さんはロシア文学がご専門ですけれども、たいへん広い範囲で本をお読みになっています。例えば、ナボコフは英語でも書いているわけですから、英語で書かれた本に関してもたくさん目を通しておられる。現在はロシア文学者としてご活躍していますが、生涯で一番最初の愛読書、あるいは本との出会いはどのへんから始まったのか。最初にお聞きしたいと思います。

貝澤　実はそんなに多読な人間ではないんです。いまは仕事なのでいろんなものを読んでいるんですけど、まわりにはもっとたくさん読んでいる人たちがおります。私の場合は子どもの頃からそうなんですけど、一つのものを気に入っちゃうと何回も何回も繰り返し読んでしまう。子どもの頃の記憶で言いますと、いちばん印象に残っていて、今でも自分の文学的な問題につながっているのは、小学生の時に読んだ『吾輩は猫である』と『坊っちゃん』。

駒井　まずは日本の近代文学なんですね。

貝澤　そうですね。たぶんあれは岩波文庫を親が買ってきたのかな。それを気に入って。『坊っちゃん』は漱石の言葉遣いが面白いんですね。知識人の苦悩とかそういうテーマよりも、ある種の言葉遊びやコメディ的な場面、ダジャレだとか。『吾輩は猫である』の中には変な人がいっぱい出てくるんです。シイタケ食って歯が欠けた人とか、「裏のどぶにきんとんを掘りに行きましょう」なんて言い始める人とか。そういうのが面白くて何回も読んでいました。私はあらすじを全く覚えられなくて、言葉のそういう面白いところだけを何回も何回も読むんですね。『吾輩は猫である』がどういう筋書きだったのか言えといわれてもいまだによく分かっていない。

駒井　そんなことはないと思いますけれども（笑）。でも外国文学を専門にされる方々は日本の近代文学をよくお読みになっている方が多いですね。イメージとしては小さな頃から外国文学ばかり読んでいたのかな、なんて思ってしまうんですけど。

貝澤 私はその頃はあんまり日本とか外国とかという意識はなかったんです。親か祖父母に、少年少女世界文学全集みたいなものを買ってもらいました。その中に『ああ無情』だとかスティーヴンソンの『宝島』、マーク・トウェインの『百万ポンド紙幣』だとか、そういうようなものが入っていた。『古事記』が入っている巻もあって。子どもが読めるようにもちろんリライトしてあるんですけど、その『古事記』は大好きで何回も読んだ記憶があります。特に外国文学アレルギーなわけでもなくて、そういうものも普通に読んではいました。

駒井 漱石の話に戻ると『吾輩は猫である』とか『坊っちゃん』は、あらすじよりも使われている言葉に深く感じ入ったのですね。

貝澤 「赤シャツ」ってあだ名の付け方だとか、「野だいこ」とかね。野だいこなんて小学生には当然分からないけど、かえってそれが面白いんですよね。骨董を売りつけるときの「端渓《たんけい》です、端渓です」とか、そういう変な言葉がね。

駒井 自分の個人的な読書歴について言えば、たとえば『ロビン・フッドの冒険』なんかは小学校3年生ぐらいのときに繰り返し読んで、もう覚えちゃうわけですよね。それから30年後に自分が読んでいた『ロビン・フッド』の最終章がカットされていたということを知ったんです。指摘されて読み返したら、エンディングの印象はまるで変わりましたが、内容は自分が子どもの頃に読んだ物語だとすぐに分かりました。ですから、子どもの頃に繰り返し繰り返し読むと、本当に深いところに残るんですね。

貝澤 ある種即物的にというか、言葉そのものがそのまま染み付いているみたいなところがあって。

図鑑をボロボロになるまで読む

駒井 そうですよね。翻訳されたものは日本語ですから。自分の日本語の原点になっているんですね。貝澤さんは、その他の世界文学もお読みになっていると思うのですが、漱石がそんなに大きな存在だったというのは、ちょっと驚きましたね。本にはどういう風に接していましたか？　ご両親、友人、あるいは教師のお勧め、それから場所は書店とか図書館とか、どうでしょう。

貝澤 いろいろあったとは思うんですけどね。おそらく小学校では学校の図書室に江戸川乱歩の少年探偵団シリーズとか、そういう類の少年少女向けにリライトされたものがいくつもあった。それはかなり読んでいたはずですね。シャーロック・ホームズはどれぐらい読んだのかちょっともう覚えていないですけど、SF的なものですとか、そうしたものを読んでいました。あとはいわゆる図鑑ですよね。昆虫図鑑とか、生物図鑑があって、それも愛読書としていいのか分からないけど、繰り返しずっと見ている感じで。

駒井 図鑑って今の子どもたちは読んでいるのかな。僕も今思い出しましたけど、図鑑は確かに小学校の高学年ぐらいのとき読書の対象でしたね。いろいろな昆虫とか、星座とか、図鑑でそういうものを見ていた記憶があります。

貝澤 子どもって隅から隅まで読んで覚えちゃうんですよね。

駒井 どういう昆虫がいるのか、星座のこととかも。図鑑って昔の学級文庫にもありましたね。

貝澤 家では『ファーブル昆虫記』だとか『シートン動物記』だとか、子どもが読むノンフィクションの定番といったらいいのかな。そういうのもかなり買い与えられていました。図鑑は動物よりもやっぱり昆虫かな。私は子どもの頃大阪に住んでいて、郊外の虫やカエルがいっぱいいるようなところに住んでいたんです。ですから、図鑑はかなりの愛読書で、ボロボロになるまで使っていましたね。

駒井 なるほど。ボロボロになるまでいろいろと調べていくのですね。そこにすでに研究者になる萌芽があるような気がしますが。

貝澤 モスクワに留学したときにたまたま古本屋に入ったら、ロシアの昆虫や生物の古い図鑑がズラッと並んでいました。安い値段だったので欲しくなって買いましたけど。向こうにしかないような生物が載っているので、これは職業上も翻訳なんかに出てきたときに使えるというのもあるんですけど。

駒井 面白いお話ですね。本書にも収録していますが、「最も芸術的なタイムマシン、あるいは書物の危険な匂い」と題するエッセイを今回のブックフェスのために編んだ小冊子にお書きいただきました。その中で1990年のモスクワで、有名書店の前に大きなバッグを抱えた異様な風体の男たちが必ずいて、彼らから本を買ったらお巡りさんに逮捕されたという話がありました。出だしから、本を買ったせいで警察に捕まったことがあるという驚きのエピソードなんですけど、それはまさか図鑑ではないですよね。

貝澤 いや違います。それは普通の文学書だったんですけども、ちょっと今の日本では考えられないような話ではあるんですけどね。当時はソ連時代ですから、計画経済なので、本もそういう形でしか流通できないんです。でも実際には、みんなが読みたいような貴重な本は、流通する前に全部横流しされてしまって、闇ルートに流れちゃうんですよね。そこですごい値段がついて、闇の本屋が売りに来る。だからだいたい大きな書店だとか古本屋街にはそういう男たちが大きなバッグに本を詰めてたむろしていて、本屋に入ろうとするとちっちゃな紙に題名をいっぱい書いたものを見せてきて、「お前、この中に要るやつあるか」とか「何を探しているんだ」って聞いてくる。それはみんな普通にやっていることで、闇市場というのは本だけではなくて他にも肉や食料品、タバコなどいろいろ売ってるんです。普段はみんなそれなりに用心していて、警察が来るとサーッと散っていっちゃう。でもその時は私服の刑事が張っていて、全然気づかないで本をやりとりして。高い値段ですけど、当時は外貨、ドルや日本円は非常に高いレートで交換できたので、外国人にはそんなに高い値段ではなく買えた。そうしたら捕まって連行されまして、警察署で調書を取られる。ただその当時ソ連では、外国人には闇売買に関する法律が適用されないという特例がありまして、日本のパスポートを見せたら「じゃあいいよ」ということで帰れた。本は没収されたんですけど、その本を買ったお金は向こうから取り返してくれたんです。

駒井 それはすごくロシアっぽい話のように思えます。まるでロシア文学の短編を読んでいるような気持ちになるんですけど。それにしても面白いお話ですね。

貝澤 さすがに最初はもう収容所に入れられちゃうのかなってビビりましたけど。

駒井 そのご本はどんな作家の本だったんですか。

貝澤　19世紀半ばの作家でソログープという人がいて、『タランタス』という馬車の話だったと思うんですけど、珍しい本なんですよね。そう簡単に手に入らない。

駒井　異様な風体のおじさんが、19世紀の作家の本を「買いませんか」って来るわけですね。

貝澤　彼らが内容をどの程度分かっているのかは謎なんですけどね。売れるからとか、そういう理由だけでやっているのかもしれないんです。たまに作家の名前を間違って言ってたり。ローザノフって有名な思想家がいるんですけど、それも本がなかなか手に入らなくて、そうしたらある男が「ラザーノフ要るか？」って、アクセントの位置が違っているんですね。そういうことがありました。

駒井　僕も1988年に初めて当時のソ連に行って、あまりに物がないのでびっくりしました。国営商店に行っても商品が一個しか置いてなかったりとか普通にある。食料品なんかほとんどないですよね。それはさっきおっしゃったように闇市方面にみんな流れちゃうんですね。でも、本もそういう対象になっていたっていうのはまったく知らなかった。いろんな商品や食料品の話は読んだことはありますけど、本もそうやって、しかもかなり高度な文学作品が売られていたというのは、すごく面白いお話ですね。それを買う人がいるということですよね。

貝澤　そうですね。それはやっぱりお金を出しても買いたい。

駒井 それは主にロシア人ですか?

貝澤 もちろんロシア人もいますし、我々のように外国から来て研究をしていたりとか、興味がある人たちもいるんですけれども。それよりももっと前、あれは確かもうすでにゴルバチョフ時代で、一部自由化が始まっていたときに……

駒井 1985年にペレストロイカが始まった後ですね。

貝澤 ええ。物資をためておいて、自由化されたときに高値で売るというので出し渋っていたりするんですけど。それよりもっと前ですといわゆる禁書ですよね。本来持ってちゃいけない、ソビエトではこれを持っていたらマズイというような、たとえば反共産主義的な思想家の本だとか、そういうものをインテリたちは密かに持っていて、回し読みをしているんですよね。あるとき知り合いの家に行ったらそうした本を見せてくれたんです。フランスへ亡命したベルジャエフという有名な思想家の本で、表紙がわざと取ってあるわけです。誰の本だか分からないようにしてあるんだけど「これはベルジャエフの本だ」って。家の中に隠してある。そういう状態でしたよ。

駒井 先ほど紹介したエッセイのなかでもお書きになっている『華氏451度』の話のように、本を持っていると燃やされてしまうとか、そういう状況下でも本を守ろうとする人がいるという話を思い出しますけど、ソ連時代ってそういうことだったんですね。

貝澤　そうなんです。だからやっぱり、本に対する思い入れというんですかね。本は大切なもので、みんなで回し読みしたりとか、場合によってはタイプで打って部数を増やして、それでも読みたいとかっていうこともありましたよね。

駒井　サミズダートでしたっけ。

貝澤　そうそう、サミズダート。私はガルコフスキーという今では普通に作家として有名な人の、ペレストロイカ時代にサミズダートで出したタイプ打ちのやつを見ました。

駒井　私家出版と訳してありますけど、地下出版ではないのですね。

貝澤　そうですね。「サム」というのは「自分で」という意味なので、元の意味は自主出版です。

駒井　でも出版を禁じられたものが流通していたということですね。

貝澤　そうですね。非合法です。

駒井　それをご覧になったことがあるわけですね。捕まったら大変なことになるのでしょうか。

貝澤　まあ、なると思います。

駒井　貝澤さんは釈放されたけど。

貝澤　そうですね（笑）。

ロシア文学を学ぶ原点

駒井　ちょっと話が戻りますけど、本って思春期、だいたい高校生になったぐらいでちょっと背伸びしながら、いわゆる世界文学とか日本の近代文学とかを読み出す人が多いと思うんですけど、貝澤さんはどうでしたか。漱石を小学生の頃から読んでいたらもう大人の文学の領域に足を踏み入れていたのでしょうけれども、それ以外に、つまり少年が読むものより難しいけど「あ、文学を読んでいる」みたいな感じの出会いって、どういう本でしたか。

貝澤　そうですね、ある種定番ですけれども、『人間失格』とか『罪と罰』なんかもそうですけど、あとはドストエフスキーでいうと『地下室の手記』、ああいう暗い男が一人で自意識過剰になって悶々と考えて、みたいなものを読んでいました。

駒井　これは引きこもり系のお話ですよね。

貝澤　太宰治なんかの場合もね、恥の多い人生、とかって。ある種思春期にありがちな暗さみたいなものを一生懸命読んでいた感じはありますね。

駒井　それはやっぱり中学生から高校生にかけてぐらいですか。

貝澤　高校ぐらいかな。『罪と罰』はたしか高校になってから読んだと思います。ロシア文学をやり始めたのは、たぶん、そのへんが元になっているんですね。

駒井　原点になっているわけですね。

貝澤　これは後の話題なのかもしれないけど、実は高校の図書室に変な本がけっこうありました。『現代ソヴェト文学18人集』というのがありまして、フランス文学はたしか13人集だったと思うんですけど、今は古本屋で買うとすごい値段になっているみたいです。それがたまたま図書室にあったんですね。なんでそこに興味を持ったのか分からないんですけど、その最初が確かアバンギャルドや、それに近い前衛的なものが入っている巻で。

駒井　ロシア・アバンギャルド？

貝澤　ええ、ザミャーチンだとか、かなり実験的な小説がいっぱい入っていて、それを読んだときに「これはすごい」と、ちょっと思っちゃったんですね。

駒井　あの『われら』を書いたザミャーチンを高校生のときに？

貝澤　『島の人々』というのが入っていて、早稲田の水野忠夫先生が翻訳されていたんです。人間がブルドーザーに変わってそのまま突進していくとかね、手がプロペラみたいに回るとか、そういう人物がいっぱい出てくる小説で。唇が蛆虫になって動くとかね、とんでもない。それにちょっとハマっちゃったというのもあって。私が行っていた高校はのんびりしていたんですけど、中に何人か変なやつがいて。大体数学とか物理の時間って授業が分からなくて退屈になってきちゃうので、そうすると机の下で本を読んでいるんですね。

駒井 とても文学的ですね（笑）。

貝澤 そうすると仲間たちが「俺はこんなすごい本を読んだ」とかって自慢し始めて。「俺はニーチェを読んだんだ」とかね。分かってもいないくせに自慢し始めるので、たぶんそれで変な本を読むことが始まった。ソルジェニーツィンも当時ノーベル賞をとって『収容所群島』が新潮文庫で全部出ていましたから、それをわけもわからず机の下で読むとか。本を読みたいというよりはある種カッコつけるみたいなものですよね。

駒井 高校生のときっていい意味で知的な見栄とか、背伸びをする時代ですけど、それでもよくソルジェニーツィンをお読みになりましたね。

貝澤 そうですね、あれも何で選んだのか分からないけど、ロシア文学にはそれなりにいろいろ関心があったということでしょう。

駒井 僕は30代半ばになって『収容所群島』を全巻読みましたけど、それまでは歯が立たなかった。全巻読み通すのは大変じゃないですか。途中で投げだしそうになりますね。

貝澤 もう、数学の時間じゃないと読めない（笑）。

駒井 僕なんかは昔一巻目の途中で挫折して、ずっと本は持っていたんですね。それで、30代の半ばに「読もう！」と思って読んで。すごい本ですよね。お話を伺っていると、ザミャーチンとかソルジェニーツィンとか、もう高校生でかなりロシア文学に親しんでいたということですね。

貝澤 まあ、偏っているとは思うんですけどね。

駒井 フランス文学とかイギリス文学とかドイツ文学よりは、ロシア文学？

貝澤 それらもちらほらは読んでいました。でもそれもけっこう偏っていて、まんべんなく読むというタイプではなく、目がたまたま行った好きなものにハマっちゃうみたいなことで。だからドイツ文学だとなんだろう、カロッサとかリルケだとか、そっちのほうにやっぱりいって。基本的に簡単に読めるようなものにはあんまりハマらないんですね。ちょっと骨があって言葉に引っかかるとか、面白みがあるとか、そういうほうが好きなので。フランス文学でもたぶんジイドだとかアナトール・フランスの短編だとか。

駒井 アナトール・フランスですか。今はなかなか読む人はいませんね。

貝澤 外国文学だと、今は学生がヨコ文字でカタカナの名前が出てくるとみんな同じように見えて読めないなどと平気で言ってくるので、私としてはちょっと商売あがったりになっちゃうんですけど。我々の頃はそういうことはあまりなくて、そういうのをすごく面白がって読めていたような気がするんですね。

駒井 そのようにたくさんの読書を重ねていって、でもやっぱり今のご専門のロシア文学の方向に進むと決めたのは、ロシア文学が自分のいちばん深いところに影響を与えたから、ということでしょうか。

貝澤 そうですね、大学受験のときにはいろんなところを受けましたけど、仏文や独文も一応受けているんですね。ただ、早稲田に受かったときに、早稲田は全部同じ文学部に入ってあとから選んで進級するという形で、しかもロシア語のある大学ってそんなにたくさんないですから、基本マイナー指向なのでロシア語があるという時点でこれはもう取らざるを得ないな、と。変な思い込みみたいなものがあって取ってしまって。そうするともう、「前に読んだあの水野先生の本がやっぱりすごいから、水野先生に習おう」と、いち早く水野先生の授業をとり。というので露文にどっぷり浸かるという感じでしたね。

駒井 高校時代のロシア文学との出会いというのが根底にあるわけですよね。

貝澤 そうですね、『罪と罰』や、ツルゲーネフなんかもその当時読みましたけど、それよりはやっぱりザミャーチンの変な人たちの作品のインパクトがよっぽどすごかったんでしょうね。

駒井 他の文学では体験できないような?

貝澤　今思い出しましたけど、高校のときにちょっとだけ演劇部に入っていたことがありまして、演劇部の部室に「テアトロ」っていう雑誌があって。その最後に必ず戯曲が一つ載っているんですけど、だいたい翻訳なんですよね。そのバックナンバーを「いらないからお前にやる」って言われて、全部もらって読んでいた。そのときにスワヴォーミル・ムロージェクというポーランドの不条理劇作家の作品があったり、「ユリディスの手」って、あれは誰だったかな、スペインだったかポルトガルだったか忘れましたけど、やっぱり不条理劇なんかがけっこう載っていて、そういうのにかなりハマった。やっぱりそういうのが基本的に好きなんですね。あとはカフカの『城』とか『審判』だとかいうのは、高校から大学にかけて読んだ。ああいう面白い本というのは読んでいて終わりのほうに来ると読み終わるのが惜しくなっちゃうから、なるべく引き延ばそうと思って少しずつゆっくり読む。読み終わっちゃうとすごい空虚感で、この次なにを読んだらいいんだろう、みたいな感じになる。そういうスリリングな面白さというのが実験的な作品にはあったという感じですかね。

今一番興味のある作家

駒井　そしてロシア・アバンギャルドとか、そういうものに惹かれて、ご専門としてもロシア文学に進まれた。現在ロシア文学をご研究もなさって翻訳もしてというところで、今一番興味のある作家というのは、名前を挙げるとしたら誰になりますか。

貝澤　これは数を限るのが難しいんですけど、そうですね……いろいろいますけど、もともと私が研究としてやっていたのがロシア象徴派で、象徴派では翻訳もあるんですけどベールイという有名な作家がいまして。これは実は翻訳で読んじゃうと面白さが全然分からないんですよね。ロシア語がすごく面白いんですけど、それを翻訳でどうやったらいいのか分からないという人。それを修士論文のテーマにしてかなり大変でしたけど、でもそれは読みでのある小説で、読むこと自体の快楽がある。同じ系統で行くと、全く毛色は違っていて、文体の感じも違いますけど、ナボコフはベールイの評論なんかをかなり読んでいたらしくて、影響関係も一応言われているんです。ナボコフの極度に言葉を作り込んだ感じなんかもそうですし、それと同じような系統で言うと、サーシャ・ソコロフというアメリカに亡命した旧ソ連出身の作家がいて、これも今は翻訳が出ていますけれども、『馬鹿たちの学校』などですね。これも本当はロシア語で読まないとあのすごさはなかなか分からないかもしれないんですが。文体の繊細な感じを正確に翻訳するのは相当大変と思います。あとはタチアナ・トルスタヤという作家がいまして。以前「早稲田文学」で翻訳の連載をやっていた『クィシ』、これはS

F仕立てなんだけどやっぱり本がテーマになっている。未来の社会で本を読んじゃいかんとなっているんだけど、ある人が密かに本を集めているという話です。ですから本の話ですとか、文字の話ですとか、言葉の話がたくさん出てくるんですね。

駒井 面白そうですね。先ほどからお話を伺っていると、ロシア語で書かれた原文は素晴らしいんだけど日本語にうつすのが難しいということですね。小説を翻訳する場合必ず出てくる問題で、いろいろな外国文学者の方から同じような話を伺うんですけど。若い頃の読書、つまり日本語で読書したことが翻訳に生きてくるという感じはやっぱりお持ちでしょうか?

言葉の感覚を磨く

貝澤 そうですね。言葉の感覚を磨くというか、もちろん磨くなんて思っているわけではないんですけど、そういうことができるのってすごく早い時期じゃないと駄目なのかなというのは感じていて。私の元同僚でもうお亡くなりになったあるフランス文学の先生も、やっぱり中学2年生ぐらいまでに言葉の感覚を磨かないと駄目なんだよ、と。そんなこと言っちゃうと大学生に教えてもしょうがないということになっちゃうから身も蓋もない話なんですけど、そういうことをおっしゃっていて。それはやっぱり一理あるなとは思うんですね。さすがに中学はちょっと早すぎるかもしれないですけど、でもその頃に体感で、いわば物理的に覚えちゃっているみたいな、脳に貼りついているみたいな感じの言葉の感覚というのは、やっぱりいまだに生きている。だから逆に言うと、今の日本語がだんだん変わってきちゃっているじゃないですか。そうすると、どうしても歳をとるとやっぱり「この日本語は昔の日本語と違う」みたいなことが起こってきて。学生に「今はみんなこう言うんですよ」と言われても何か違和感が残るとか、そういうことはあります。高校、予備校、大学にかけて、変な友達の一人に森鷗外が大好きなやつがいたんです。その当時は岩波書店で鷗外選集って新書判が出ていて、けっこう安く買えた。あれを全部読んだんですよね。鷗外は平易な文体の名文家ですよね。だからといって、かっちりしているというのではないんだけど、無駄なところがなくて、非常に理路整然とした文章を書く人。森鷗外って翻訳も素晴らしいんですよ。口述筆記で弟のためにいろいろと翻訳をしていたりして、その翻訳というのがすごくて、ワイルドの『サロメ』やドストエフスキーの『鰐』もあったりする。『即興詩人』などすごく有名なやつもあるんですけど、どれも本当に素晴らしくて。僕が翻訳でもし先生にするとしたら、森鷗外ですね。あんなふうには絶対にできないですけど。

駒井 鷗外というのは近代の生んだ最大の翻訳者とも言われますけど、やはり相当大きな影響を受けておられますね。

貝澤 影響を受けたというとちょっとおこがましいとは思うんですけど。鷗外のリルケの短編の翻訳なんていうのは、何というんですかね、すごく鷗外的な世界がちゃんとあるんだけど、それがリルケの作品の世界になっていて、その情景みたいなものがかっちりしたイメージの中に表れてくるという。ああいうのは他にちょっとないですね。

駒井 なるほどね。エッセイにもお書きになっているけれども、本を手に入れて読むこと自体が、異界への瞬間移動であり、自分の中で根本的に何かが変わってしまうこと、と。それは本を読むということの本質的なところですね。

読書によって世界が違うものにみえてくる

貝澤 私は今、本を読むことを商売にしちゃっているわけだけど、なぜこんなことをやっているのかというと、本を読むことによって「これって実はこういうことだったのか」という具合に、世界が全然違うものに見えてくる、みたいな体験を今まで何度かしているからですよね。それがある程度分かってきちゃうとやめられなくなっちゃって。昔、椎名誠の『もだえ苦しむ活字中毒者地獄の味噌蔵』というのがありましたけど、閉じこめられて本が読めなくなる話ですが、もし本がなくなったらどうしたらいいんだろう、と思うとぞっとしますね。いかに面白い本をみつけてこられるか、それで「あ、これってこうなんだ」って新しい世界が分かる。それがないと逆に「なんでこんなダメな本を読んじゃったんだろう」って悔しくなる。そういうことをずっとやっていて、だから鞄にも必ず読むものを入れていて。例えば海外出張に行くとトランジットで5時間とか空港で待たされる。そうなると、もう「しめた！」となって夢中で読む。極端なことを言うと、本はやっぱり自分を変えてくれるものじゃないと意味がない。そういうことが体感として分かっちゃった人にはやめられなくなってしまう。もう、病みつきですよね。

駒井 そのトランジットのときとか、そこでお読みになっているのはどんな本なのですか。やっぱりロシア語の原書なんですか。

貝澤 そういうこともありますけど、日本語の場合もあるし、英語の場合もあります。

駒井 日本の近現代文学は今も読みますか。

貝澤 そうですね、仕事で読む場合もありますし、自分の興味や関心で読む場合もあります。私が昔から大学院生にもよく言っているのは、ロシア文学を研究しているからといってロシア文学ばかり読んでいては駄目だよということで、だいたい良いアイデアというのは外から来るんですよね。ある専門があったとして、その領域の中で煮詰まっちゃうことも多いんですけど、それを外すためには違う発想を入れる。全く違った視点で見たらどうだろうという、その新しい発想の種みたいなものをもたらすためには、要するに他のもの、たとえば日本文学の批評みたいなものを読んで、これをロシア文学に当てはめたら同じようなことが言えるのかとか、そういうふうに考えなきゃ駄目だよって言っているんですね。目先の論文を書くのに必死だから、違う分野までなかなか目配りできないんですけど。

駒井 若い世代の読書人に対してメッセージをいただきたいと思います。多読とか速読とかも含めて読み方というのがいろいろあります。またたくさんの本が溢れていて、古典も、現代ものもある。単なる方法論ではなくて、本を読む喜びにこうしたらたどり着けるんだよという、アドバイスみたいなものはありますか。

貝澤 そうですね、私の場合はやっぱり、本から実利的な何かを得ようと思っちゃうとむしろ駄目な気がして。そうすると目先の利益みたいなところへ行くという感じになっちゃう。本を読むこと自体が冒険であって、違う時代や違う場所に、どこでもドアじゃないですけどタイムスリップすることができる。

駒井 先ほどのエッセイにあった「異界への瞬間移動」ということですね。

貝澤　そうですね、そういうものなので、そこに何が出てくるか分からない。海外旅行でも、ガイドブックを見ながら全部分かりきったルートのとおりに写真を撮って帰ってくるのと、予測していたのと全然違うことが起こったり、すごいハプニングに見舞われたり、まったく知らない文化に出会ったりする、そういう楽しみ方もある。むしろそういう新しいものを見つけてほしいということですね。なので、読書ではその本に身を任せてみる、それによって自分の中で新しいことが出てくる。新しいことが出てくると、これは何なんだろうと一生懸命考えますよね。読書や教養ということの意味は、新しいことを考えられるかどうか、そのためのツールになるということですよね。あらかじめいろんなことに出会っていないと新しい発想って出てこないので、そういう出会いを求める、あるいは冒険すると思って知らない分野のものでも難しいものでも、どしどし手を出してほしい、ということですかね。

読書という冒険

駒井　たいへん興味深いお話です。最後に「私が本からもらったもの」を総括したときに、貝澤さんにとって本からもらったものって何でしょうか。

貝澤　それを「人生」と言っちゃうとすごくベタな感じになっちゃうんですけれども、さっき言った、いわば「冒険」かな。タイムマシーン的な冒険ですかね。家に居ながらにしてスリリングなことが起こる。すべてが分かる必要はなし。そんなことはまあ、基本無理なんですよね。

駒井　それは重要なお話ですね。今はみんなすべて分かろうとしすぎている。

貝澤　はい。これは学生にもよく言うんですけど、19世紀の解釈学の哲学者でディルタイという有名な人がいて、解釈学の解釈というのは分かるためにに分かるのではないんだ、と。これはすごくパラフラレーズして言っていますけど、つまり分からないものだからこそ分かろうとするのが解釈であり理解なんだと。それは自然科学の説明とは違うもので、それが人文科学と自然科学の違いなんだと言っている。つまりテクストって基本的に分からないものなんですね。本とか芸術作品とか映画とかっていうのは、分からないものだという前提があって、だからこそ我々は分かりたいんですね。その欲望をぶつけていくというのが、読書だけじゃなくていろんな文化的なものごとすべてそうなので、それをすぐに実利的に役立てようと考えてしまうとハウツーになってしまったり、試験勉強みたいになって苦痛になっちゃう。何かすぐに答えを出さなきゃいけないとってなっちゃうんですね。

駒井　なるほど。最後にもう一つだけ。分からないというと、自分は分かる能力がない、才能がないんだって諦めちゃう若い人がすごく多い。そのときにはどうやって前に進んだらいいんでしょう。

貝澤 私がこれもいつも学生に言っているのは、要するに分からないことを恐れないでください、ということです。今の学生はすぐに答えを出すことを求められていて、あまり深い問題ではない、簡単に答えが出るような試験問題をやることが学校の勉強だと思っている。けれども、私が所属しているような人文系の学科、そういうところで学ぶことって、たとえば真理とは何かとか、神はいるのかいないのかとか、何百年も何千年も取り組んでいるけどいまだに結論が出ていないわけですよね。そんなすぐに答えの出ることは大学ではやっていないんです。なので、自分が「これが分からないんだ」「知らないんだ」と思ったときに、だから自分は駄目なんだと考えてしまわずに、その時々の疑問をためておいてほしい。こういうことを、最初の授業で必ず言うんですね。

駒井 それはいい言葉ですね、本当に。学生の心に残ると思います。

貝澤 疑問の引き出しをいっぱい作っておいて、それはなぜそうなんだろうと、ずっと考えておいてほしい、と。それを折に触れて考えていると、別の場面でつながったりする。風呂に入ってボーッとしているときに「ああ、あれのことだ」って思いついたりするんですね。それは1週間後か、1年後か、10年後かわからないんですけど。要するに問う力ですね。疑問は全部その場で解消しなくてもいいんですよ。

駒井　疑問をためておく、いいですね。

貝澤　私なんか常に疑問だらけですよ。

駒井　それはもう、年齢に関係なくということですよね。

貝澤　そうですね。世の中には知らないことが山ほどあるので。

駒井　若い人にとっても最高のアドバイスになると思います。今日はありがとうございました。

貝澤　こちらこそ、どうもありがとうございました。

読書案内

＊夏目漱石『吾輩は猫である』（岩波文庫）
＊エヴゲーニイ・ザミャーチン『島の人々』（水野忠夫訳、『現代ソヴェト文学18人集』第1巻収録、新潮社）
＊エヴゲーニイ・ザミャーチン『われら』（松下隆志訳、光文社古典新訳文庫）
＊アレクサンドル・ソルジェニーツィン『収容所群島』（木村浩訳、新潮文庫）
＊サーシャ・ソコロフ『馬鹿たちの学校』（東海晃久訳、河出書房新社）
＊森鷗外『諸国物語』（ちくま文庫）

第3夜

永田千奈

フランス文学

（ながた ちな）1967年東京生まれ。フランス語翻訳者。訳書にシュペルヴィエル『海に住む少女』、ラファイエット夫人『クレーヴの奥方』（光文社古典新訳文庫）、ロマン・ガリ『凧』（共和国）など。

本箱の家

永田千奈

「私が本からもらったもの」というお題をいただいたものの、自己中心的な性格のせいでしょうか、本に奪われたあれこればかりが浮かんできます。どれだけのお金と時間を本に費やしてきたことでしょう。学校の昼休み、一人教室に残って本を読み続けていたせいで、遊びの輪に入る機会を失い、友人ができなかったこと。どんどん目が悪くなって、眼鏡のお世話にならねばならなかったこと。どうしても本にかかわる仕事がしたいと思えば思うほど、お金のやりくりが大変になること。本など読まずに生きていけるなら、「もう一つの世界」を必要としない人生があるとしたら、それはそれで幸せではないかとすら思います。それでもずっと本と暮らしてきました。

実はこの一年半、本のことで頭を悩ませてきました。本業の翻訳ではなく、本の処分に困り、途方に暮れていたのです。10年前に父が、そして、一年前に母が亡くなり、その後空き家となった家をどうするか、あれこれ考え、家財の処分や書類の整理をしてきたのですが、そこには私たち家族の歴史が書物というかたちで残されていました。たとえば、昭和32年刊行の『カラマーゾフの兄弟』を開くと、扉には母の名前と「成人の日に。人その人を見よ」という献辞がありました。母が叔父から贈られたものです。ちなみに、私が高校生のときに『カラマーゾフの兄弟』の「大審問官」を読み、感想文を書くという夏休みの宿題があり、この本のお世話になりました。

家には「いわくつき」の漱石全集もありました。私がおなかにいることがわかり、母は10カ月で読破するぞと決めて漱石全集を購入したそうです。ところが届いた漱石全集に落丁があり、版元に返送。その後、折り返し送られてくるはずの新本が届かず、返金というかたちになったとか。物心ついたときには、この漱石全集、段ボールに入って廊下に置かれておりました。私はと言えば、もっぱら新潮文庫のお世話になって漱石を読み、ごくたまに日記や書簡集だけながめるのが常でした。

全集というものが家にあったのは、いかにも昭和の光景だったのかもしれません。家には、フロイト全集がありました。父は精神科医でしたから、あたりまえといえばあたりまえなのですが、私が大学生の時、ちょっとばかりレポートで必要になってこのフロイト全集を開いてみたところ、漢字はすべて旧漢字で読みにくいのなんの。しかも私を打ちのめしたのは、扉のフロイトの肖像写真にクレヨンがべったり塗り込まれていたことです。私には兄弟はおりませんので、犯人はほかにおりません。たぶん、フロイトの顔が怖くて塗りつぶしたのではないかと推測しますが、父に叱られた記憶もありません。思えば、父自身も本は書き込んだり、端を折ったりして、汚しながら読むひとでした。

父の書き込みは本の感想だけではありません。文庫版の中原中也詩集の余白には、群像新人文学賞の応募規定がメモしてありました。昭和35年11月30日締切りとありましたから、私の生まれる前のことです。昭和33年に始まった群像新人文学賞はこの年、まだ第3回、しかも第1回、第2回は該当者なしだったとか。できたばかりの賞だから、狙い目だとでも若き日の父は思ったのでしょうか。果たして、当時医大生だったはずの父が小説を書いて応募したのか、小説を書いてみたいという願望があっただけなのか、今となってはわかりません。

幸い、今の時代は多種多様の付箋がでまわっているので、私は父ほど本に書き込みをすることはないのですが、子ども時代の本はどれもこれもぼろぼろでした。悲しいかな、愛されたぬいぐるみがそうであるように、大好きだった本がいちばんいたんでいるのです。その筆頭が、たぶん最初のお気に入りの絵本『ちいさなうさこちゃん』の4冊セットでした。今ではミッフィーの名で愛されているディック・ブルーナの『うさこちゃん』は私の宝物であり、友達であり、玩具であり、ときに抱っこして寝たり、おいしそうな絵をなめたり（！）していたのですから、背表紙の箔がはがれ、角が丸くなるのも当然といえば当然です。思えば、お父さん、お母さんではなく、パパ、ママと呼ばせようとしたところからして、親自身が外国、それも欧州にあこがれていたにちがいありません。『うさこちゃん』を買い与えられた私はしっかりとその趣味嗜好を受け継ぎました。『ピーターラビット』や『クマのプーさん』など私の愛した絵本、児童文学の多くが「石井桃子さん」という一人の女性によって訳されたことを知り、翻訳者という仕事があるのだと知ったのは小学校の頃だったでしょうか。当時は、まさか自分が翻訳者になるとは思っていませんでしたが、私が最初に出会った先輩翻訳者が石井桃子さんであることは確かです。

思い出に浸っているときりがないのですが、母が亡くなり、誰も住まなくなった家は思った以上に早く、老朽化が進みました。屋根の一部が破損し、修理にかかるお金と耐用年数や耐震などを考えると、近隣にご迷惑をかける前に取り壊したほうがいいという結論になりました。どうしても手離しがたい本だけを厳選して自宅に持ち帰り、残りは古書店と古紙回収業者にお引き取りいただいたのですが、それだけの作業に思いのほか時間を取られてしまいました。中身を覚えている本は懐かしく、中身を覚えていない本はいちから読み返したくなるからです。本からもらったものは大きすぎて、作業はなかなか進まず、つい冒頭のような恨み節が口をついてでてくるほどでした。

家じゅうにあった本が運び出されたとき、家が本当に空っぽになったという実感がわきました。仏壇を処分するときには「魂抜き」をして供養しますが、本がなくなったとき、この家の魂が抜けたような気がしたのです。極端な話、私にとって、あの家は大きな本箱であったのかもしれません。本もまた家族の一員であり、私が実家を離れてからも、本の貸し借りや感想のやりとりが家族をつないでいました。

こうして、令和の時代に、ようやくわが家の昭和が終わりました。そういえば、仏壇の前に置かれた父の宮沢賢治詩集には、「目にて云ふ」の最後の部分が鉛筆で囲んでありました。

「あなたの方からみたらずゐぶんさんたんたるけしきでせうが
わたくしから見えるのは
やっぱりきれいな青ぞらと
すきとほった風ばかりです」

人には人の、家には家の、本には本の寿命というものがあるのでしょう。すべての本が残るわけでもないし、すべての本が消えてしまうわけでもない。今回処分してしまったぼろぼろの絵本だって、形が消えても、その本からもらった記憶は、家族の時間とともに、きっと私のどこかに残っているのでしょう。本からもらったものは本の形をしていないのです。

最初の愛読書は『うさこちゃん』

駒井　こんにちは、駒井稔です。今日はフランス文学の翻訳者の永田千奈さんにお越しいただきました。永田さんはノンフィクションはもとより、現代文学、そして古典では『椿姫』『クレーヴの奥方』『女の一生』『海に住む少女』『ひとさらい』などの作品を訳しておられます。今日はよろしくお願いします。

永田　こちらこそよろしくお願いします。

駒井　まずお聞きしたいのは、生涯で最初の愛読書と言われるもの、それは何でしょう。それからそれはいつ頃のことだったのかというのにも非常に興味があります。

永田　あらためてこうやって自分のことを喋るというのは少し照れくさいのですけれど、生涯で最初の愛読書というのでしたらブルーナの『うさこちゃん』。石井桃子さんの訳で『子どもが

初めて出会う絵本』という4冊セットになっているものだったんですね。最初に覚えているのが日本のお話ではなくて外国のお話で、なおかつ女性翻訳者のお仕事だったというのは、ちょっと運命的なものを感じます。今はミッフィーと言われていますけれども、誰もが知るうさぎさんですね。この本はついこの間まで実家にありました。実家では雨漏りもあったし、子どもってあんまり本を大切にしないんですよね。持ち歩くし、投げるし、抱っこして寝るし、舐めるし。なので力ビがはえてしまって、泣く泣く処分したんですよ。だから手許には今ないんですけど、捨てるときに私があまりにも辛そうにしていたのを夫が見ておりまして「じゃあいいよ、それ買ってあげるから」っていうので、私は53歳の誕生日に、3歳のお誕生日に親が買ってくれたのと同じ本をもう一度もらうことになりました。

駒井 とてもいいお話ですね。最初は3歳の誕生日に買ってもらったわけですね。

永田 だと思うんですよね。でも、ちょっとこれがいいお話で終わらないのは、やっぱり新しい本で買い直すとそれは〝新しく買い直した本〟になってしまって、〝自分が持っていた本〟が戻ってきたわけではないんですよね。本って何千部、何十万部、大量生産で同じものがあるはずなのに、何か特別な一冊、手になじんだ一冊というのはあるんだなと。

駒井 確かに、それはよく分かります。僕も何冊か小さいときに読んでいた本を手許に残していて、そういう本を手にすると、当時のまだ10歳にもならない頃の自分の姿とか、感じていたこととかが、その本を持った瞬間に胸に蘇りますよね。永田さんは小さい頃から本好きなお子さんだったということですよね。小学生の頃もお友達と遊ぶよりも自分で本を読んでいるほうが好き、みたいな感じでしたか。

永田 そういうところはありましたね。

駒井 この間、新聞の投書で「うちの娘が友達と遊ばない、休み時間も本ばかり読んでいて」というのがありました。

永田 ありましたね。

駒井 いろいろな反響があって、そのあと「それでいいじゃないですか」という声が多くありましたけど、まさにそうしたお子さんだったんですね。

永田 そうですね。それと私は一人っ子だったので、やっぱり一人で過ごす時間は長いんです。お友達と昼間遊んでも家に帰ると一人。それも一つあるし、そんなに体が丈夫ではなかったので「今日は熱があるから外に行っちゃ駄目」みたいな日も多かった。そういう意味でも一人で過ごす時間は本と一緒の時間で、でも本のせいで友達ができなかったかというとそれはまた別の話。ある程度年齢がいくと逆に本を通じた友達というのが出てきて「この本面白かったから貸してあげる」とか、友達が読んでいる本を見て「面白そうだからそれ私も読む」とか、そういうことが出てきた。本というのは孤独を埋めてくれるものであるのと同時に、人との繋がりも作ってくれるものだと思いますね。

駒井 本の好きな子どもって、一人で読んでいるイメージがあって、外部と接触する機会がなかなかないと聞くことはありますけど、永田さんの場合はそういう意味ではお友達と「こういう本を読んだよ」とかというお話をしたりされてたんですね。

永田 そうですね。そういう友達ができたのはもうちょっとあとかな。中学か、そのぐらいかな。小学校のときは人が返却している本を見て「あ、それ面白そう」「こんなの読むんだ、この人」みたいな感じでした。昔は図書カードなども全部丸見えだったし、直接感想を話さなくても誰が何を読んでいるか分かりました。「この本はあの人が読んだ本だ」みたいな繋がりはあったように思います。

駒井 永田さんにも貝澤さんと同じように小冊子にエッセイをお願いしたのですが、お母様が非常に読書好きだったようですね。『カラマーゾフの兄弟』も叔父さんから贈られたものを取ってあったりとか。「いわくつき」の漱石全集もお家にあったんですよね。もちろん図書館で本を借りるということもあったと思いますけど、書店に行って本を買ったりするときは、子どもの頃はご両親と一緒だったりしますよね。本を選ぶときって子どもにとっては、あまりにたくさんの本があるという印象が強いと思うのですが、いろいろ助言があったり、自分の勘であったり、どういう感じで選んでいったのでしょうか。

永田 あんまり覚えていないんですよね。「これ読みなさい」とか「これがお薦め」とか、あまり言われた覚えがない。そもそもそんなに選択肢がなかったような気がします。当時、公立の図書館に行っても大人の本はいっぱいあるけど、児童書のコーナーというのはわりと小さい。人から助言を受けたというのはないんですよね。逆に言えばそれだけ自由に選ばせてもらったということだと思いますし、時間を与えられていたということでもある。意外と覚えているのは、病院の待合室にあった本や、ピアノの先生のお家にあった本。そういうまったくの偶然で、誰が置いていったか分からないような本との出会いというのは逆に意外性があって覚えているんですよね。

駒井 たとえばピアノの先生のところにあった本を借りてきたりしていたということですか。

永田 いや、毎週行くので少しずつ読むんですよ、まるで連載小説みたいに。

駒井 待ってる時間に？　なるほど。

永田 それで子ども用の『ああ無情』だとかを「ああ、今いいところなのに順番来ちゃった」と思いながら読んだ覚えがあるんですよね。

駒井 いいお話ですね。そして思春期、中学生から高校生の頃になると、やっぱり少し読書傾向が変わりますよね。その年齢くらいから難しいものも含めて、少し背伸びした読書になったりしますが、その頃は何を読まれていましたか。

寺山修司、矢川澄子、シュペルヴィエル

永田 中学生、高校生ぐらいの頃ですか。その頃から私は寺山修司を好きになりました。寺山修司は本当にマルチな活躍をしていたので、詩があって俳句や短歌もあって、小説、ファンタジーみたいなものがあって、映画があって演劇があって、全部やっている人。それをもう片端から影響を受けたという感じですね。競馬の話とか、そういうものも含めて。

駒井 寺山修司ですか。天才的な人ですね。ところで外国文学ではどういうものを?

永田 外国文学ですと石井桃子さんの延長で、今度は矢川澄子さんの訳業を読むようになりました。矢川さんは童話や絵本をいっぱい訳していらして、ポール・ギャリコの『トンデモネズミ大活躍』など、けっこう可愛らしいものを訳していらっしゃる。でもその一方で澁澤龍彦に繋がるエロティックなもの、ちょっと退廃的なムードがあるものもお書きになっているし訳してもいらっしゃる。童話を入口にしてなんでこんな暗黒の方向に行ってしまうんだろうと思いながら読んでいました。思春期ってエロティックなものに好奇心をそそられるじゃないですか。そこらへんが入口ですかね。寺山修司に話を戻すと、彼は自分の歌集のエピグラフでシュペルヴィエルの詩を引いていたりするんですね。そこらへんが繋がっていて。

駒井 そうなんですか。じゃあ、のちに新訳されるシュペルヴィエルというのはもうその段階で知っておられたんですね。

永田 そうです。最初に読んだのは高校生ぐらいに、詩ですね。『ひとさらい』はもうすこしあとで読みました。高校生で読んだらちょっとわからなかったでしょうね。

駒井 『ひとさらい』といっても、これ本当の人さらいじゃないんですよね。子どものいない大佐夫婦が不幸な子どもたちを連れてきて面倒見ているという話なんです。

永田 シュペルヴィエルとの出会いは堀口大學を通じて、というのもあります。いろんなところで「あれ？　ここにも、ここにも引用されてる」「あ、この人のところにも出てくる、この人のところにも」みたいなことがありました。

駒井 たいへん示唆的ですね。そのようにして、ある作家との出会いが長いスパンで見ると人生の中でとても重要な出来事になるということがありますね。何十年という長い間、体の中にその記憶は眠っていたり、あるいは繰り返し反芻していく中でまた巡り会ったりとか。

永田 本当に長いスパンで、ふっと「ああ、そういえば」みたいに出てくるんですよね。

どうして仏文科へ?

駒井 大学は仏文科に進まれますよね。他にも英文とか独文とかある中で仏文をお選びになったのは、どういうきっかけだったんですか。

永田 高校生のときからちょっとずつフランスの詩を読んでいて、それこそ堀口大學の訳詩集『月下の一群』などを読んで「フランスの詩ってカッコいいなあ」と思ったんですね。これは私の世代の人に共通すると思うんですが、その頃吉野朔実さんの少女漫画で『月下の一群』というのがあったんですよ。

駒井 ごめんなさい、それは知りません。

永田 先にそちらを読んだのかな。「『月下の一群』ってカッコいいタイトルだなあ。あ、堀口大學からとってるんだ」みたいになった。私の世代だと竹宮恵子さんの『風と木の詩』でも主人公の名前がジルベール・コクトーっていうんですね。コクトーですよ。それで『椿姫』のオマージュみたいなものもいっぱい出てくるんですよね。『ベルサイユのばら』もそうですけど、私の世代は少女漫画がそういうフランス文化を大切にしていた。

駒井 そうなんですか、男の子にはちょっと手が届かなかったので残念ですが、面白いお話ですね。

永田 萩尾望都さんは最近もフランス王家を題材に『王妃マルゴ』を描いていらっしゃいますね。ああいう形で少女漫画の方々がフランス文化の素敵なところ、面白いところを見せてくれて、それも一つのきっかけだと思います。あとはやっぱり文庫を片端から読んでいくうちに、どれにも表紙に新庄嘉章という名前が入っている。ということはこの人の学んだ大学に行けば何か自分の好きなものがあるんじゃないだろうかと思ったんですね。翻訳者の名前を見る習慣というのは、かなり早い頃からあったんだと思います。

駒井 確かに新庄さんの名前はよく目にします。フランス文学の主だった作品のかなりの部分を訳されていらっしゃいますね。さっきたいへん面白かったのは、女性の漫画家の方がフランス文化をすごくたくさん紹介している。主人公の名前が……

永田 ジルベール・コクトーですね。

駒井 すごい名前だなあ（笑）。そういうことでフランス文化に興味を持って、仏文学科に行こうと、そういうことなんでしょうか。

永田 そうですね。それとやはり、私が大学に入ったときはサガンとかデュラスとか女性作家がすごく活躍していて。ユルスナールもいますし、サロートもいますし、女性作家の作品が現代小説、現代文学として元気な時代だった。それに対する憧れもありましたね。

駒井 確かにサガン、デュラスとか、今はいわゆる20世紀の古典みたいになっていますけど、当時は現代小説だったわけですね。

永田 そうですね、デュラスの『愛人《ラマン》』がすごく大きな話題になったり。

駒井 フランス語の作品を日本語に訳すとき、影響を受けた日本の作家はいますか。

永田 読んでいて好きだったのは福永武彦、遠藤周作あたりですかね。やっぱりフランス系統ですね。

駒井 やっぱり「フランス繋がり」というのははずせないところですね。

永田 そうですね、我ながら一貫してますね。

駒井 決定的なこの一冊、というものはありますか。

永田 この一冊、この人、というのはないんですよね。もしそういうのがあったら、私はもうちょっと大学院に残って研究者になっていたかと思います。逆にそこまで絞り切れなかったので、フリーランスとして小説に限らずノンフィクションも訳していますし。

駒井 正統派のノンフィクションもずいぶん訳されていますね。

永田 そうなったのは何か一つに絞り切れなかった、そういうところがあるんじゃないでしょうか。

駒井 フランスに関する多様な情報や教養というものを吸収できる時代だったという背景もあるかもしれませんね。

永田 そうですね、それがいいのか悪いのかわかりませんけど、私はいわゆるバブル世代なので、とにかくまわりにいろんな本があって、多様性という言葉でくるとカッコよくなっちゃいますけど、もう単に雑食で来たんだと思います。

駒井 「え、こういうものまで翻訳されているの?」という日本の面白さもあると僕は思うんです。だからこそ深くいろいろなものを吸収していくチャンスもあったわけで。ところで今の若い世代は現在の状況のなかで、古典や現代のものをどう読んだらいいでしょう。

やっぱり古典から影響を受けている

永田 それはあんまり私は考えたことがなくて、少なくとも文学、本の世界というのは古典ものと現代ものに二分されるものではなくて、現代作家も皆やっぱり古典から何らかの形で影響を受けていますね。17世紀の小説を読んでそのあとに「これを19世紀に置き換えると誰になるな」「現代に置き換えると誰になるな」という形で繋いでいくことも可能ですね。あまり「現代ものばっかり読んでいないで古典も読め」という言い方はしなくてもいいんじゃないかなという気がします。年齢によって読む本は変わりますね。同じ本を読んでも感じるものは違います。若い頃は主人公にすぐ目がいってあらすじの起伏ばかりを追いかけていたんですけど、歳をとってくるとあらすじよりも描写の細やかさが見えたり、脇役の登場人物が魅力的に見えてきて。モーパッサンの『女の一生』を訳したときも思ったんですけど、主人公のジャンヌだけを見ているとすごく可哀相な物語に思えるんですけど、もうちょっと俯瞰する形でお母さんとかお父さんとか、優しい妻を溺愛するあまり常軌を逸した行動に出るフルヴィル伯爵ですとか脇役がとても魅力的で、そういう群像劇のような楽しみ方というのは歳をとったからできるようになったと思いますね。それから、歳をとってやっぱり気になるのは、老いや病に関するテーマ。重たすぎて今まで避けていたようなテーマもやっぱり身に迫ってくるんです。例えばボーヴォワールは『第二の性』がフェミニズムの古典として引用されることが多いですけど、『おだやかな死』なんかを読むとやっぱりものすごく繊細なところのあった人だというのがわかる。

駒井　そうですね、かなりイメージが違うんですよね。母親の死について書かれた『おだやかな死』を読むと『第二の性』とはずいぶんイメージが変わってみえる。

永田 作家もやっぱり歳をとるにつれて変わっていきますし、読む側もやはり自分のことと重ねる部分がだいぶ違ってくる。歳に応じた読書というのは本当に面白いなあ、この先どうなっていくのかなあ、というのは思います。

駒井 なるほど、たいへん興味深いお話です。これは前の回でも話したのですが、僕なんかは若い頃に『アンナ・カレーニナ』を読んでもアンナとかヴロンスキーにばかり感情移入していたんですが、だんだん年齢を経て何回か読んでいると小説としての素晴らしさにちゃんと辿り着けるところもある。若い頃って主人公に思い入ればかりがつのって、作品の素晴らしさが分からないんですね。

永田 恋が実るかどうかとか、そんなところばっかり考えていたんですけど、そういう問題じゃないんですよね。結ばれて終わりじゃない。

同じ作品でも読み方は変わっていく

駒井 そうですね。若い人にあえて言いたいということではないんですけど、同じ作品でもだんだん読み方が変わっていくし、同じ作家のものでも違う作品に目が開かれていくということがある。

永田　そうなんですね。だから、今読めない本や読みたくない本を無理に読む必要はない。若いときに「この作家苦手だ」と思って閉じてしまった本でも、ある程度年齢がいったら読めるようになるかもしれないんですよね。

駒井　それってありますよね。だから本当に、本は取っておくべきだと僕は思う。昔は10ページぐらいしか読めなかった本が、ある日取り出してきて読み始めたらすごく面白いということはある。

永田　そうですね、そういうものがありますよね。

駒井　本というものが与えてくれるもののすそ野の広さ、大きさ。本の選び方というのもいろんな人に意見を聞くのもいいけど、年齢で変わっていくということを頭に入れておくのも重要な要素ですよね。

永田　そうですね。ただ老眼が厳しいけど（笑）。

駒井　老眼は進むので字は大きいほうがいいですね（笑）。

永田　読むのはやっぱりいくつになっても楽しいですね。私はまだ50代ですけど、この先60代、70代にどんな本をどんなふうに読むのかなというのはちょっと楽しみです。

駒井　楽しみですよね。ところで永田さんご自身は、翻訳者として年齢によって翻訳したい本とか、翻訳作業へのスタンスみたいなものって、少しずつ変わっていくものですか。

永田 それは意外と変わっていないような気がしますね。もちろん調べものについてはインターネットでだいぶ楽になったりはするんですけど、まずは原書を精読するという基本においてはもう何も変わっていない気がしますね。

駒井 翻訳って究極の精読ですよね。

永田 本当に、一語一語読んでいます（笑）。

駒井 著者よりもむしろ翻訳者の方のほうが精読しているとさえ言えるかもしれませんね。若い世代にお勧めの本やその読み方について、アドバイスはありますか。

永田 それこそ翻訳や書評など、大学時代でしたらレポートや卒論とか、書くという行為に結びつくとどうしても精読をせざるを得なくなる。読むだけだったらちょっと読み飛ばしてもいいし、合わない本は途中でやめてもいい。だけどもし本当に精読について考えるのなら書くという作業はどうしても欠かせないものになってくる気がします。

駒井 最後に永田さんにとって「私が本からもらったもの」って、どんなものでしょうか。

永田 これは本当に難しくて「私が本から学んだもの」もしくは、「私が本から得たもの」だったらやっぱり教養や知識といった答えになると思うんです。だけど、「もらったもの」と言われるともうちょっと抽象的なイメージになって。私が本からもらったものはやっぱり「居場所」ということになるかなと思うんですね。本をひろげると、そこが歯医者さんの待合室でも電車の中でも、とりあえず自分の居場所ができるし、ちょっと落ち込んだときなんかでも、本の世界というのはダメ人間がいっぱいおりますので、仲間を見つけて自分の居場所を見つけることができる。

駒井 それは主人公の中にダメ人間が多いということですか。

永田 登場人物ですね。そういうこともありますし、やっぱりこうやって本を仕事にすることで私が自分なりに社会的な経済活動に参加させてもらっている。こうやって私が駒井さんとお話ししているのも、私が本と一緒に生きてきたからだと思いますし、そういう意味で本からもらったものというのは私が「ここにいていいよ」と言われる居場所ですね。

駒井 なるほど、居場所という表現はいいですね。まとめに最良のお言葉をいただいたと思います。

永田 今の時点での結論ですから、またこの先10年、20年で変わっていくかもしれません。今日はありがとうございました。

駒井 本当にありがとうございました。

読書案内

＊ディック・ブルーナ『ちいさなうさこちゃん』（いしいももこ訳、福音館書店）
＊フョードル・ドストエフスキー『カラマーゾフの兄弟』（亀山郁夫訳、光文社古典新訳文庫）
＊ポール・ギャリコ『トンデモネズミ大活躍』（矢川澄子訳、岩波書店）
＊ジュール・シュペルヴィエル『ひとさらい』（永田千奈訳、光文社古典新訳文庫）
＊ジュール・シュペルヴィエル『海に住む少女』（永田千奈訳、光文社古典新訳文庫）
＊シモーヌ・ド・ボーヴォワール『おだやかな死』（杉捷夫訳、紀伊國屋書店）
＊堀口大學訳詩集『月下の一群』（講談社文芸文庫）
＊吉野朔実『月下の一群』（集英社文庫）
＊竹宮惠子『風と木の詩』（白泉社文庫）
＊萩尾望都『王妃マルゴ』（集英社）
＊マルグリット・デュラス『愛人《ラマン》』（清水徹訳、河出文庫）

＊

第4夜

木村政則

英米文学

（きむら　まさのり）英米文学翻訳家。著書に『20世紀末イギリス小説――アポカリプスに向かって』（彩流社）。訳書にミュリエル・スパーク『バン、バン！　はい死んだ』『ブロディ先生の青春』『あなたの自伝、お書きします』（河出書房新社）、サマセット・モーム『マウントドレイゴ卿／パーティの前に』、D・H・ロレンス『チャタレー夫人の恋人』、ラドヤード・キプリング『キム』（光文社古典新訳文庫）、クリストファー・イシャウッド『いかさま師ノリス』（白水社）など。

本は繰り返し読まない

駒井 こんにちは、駒井稔です。今日は英米文学者の木村政則さんにお越しいただきました。20世紀のイギリス文学がご専門なのですが、ご自身で翻訳された本、それ以外にもたくさんの本についてのお話を伺いたいと思います。今日はよろしくお願いします。

木村 よろしくお願いします。

駒井 皆さんに伺っていることなんですが、生涯で最初の愛読書は何でしょうか。そして、それを読んでいたのはいつ頃でしたか。これをまず最初にお聞きしたいと思います。

木村 愛読書はと聞かれるのがいちばん苦手で、なぜかというと、皆さん僕がすごい読書家だと思っているらしい。だけど僕は小さいときにまったくと言っていいほど本を読んでいないんですね。本好きの人がよく、昔『ぐりとぐら』を読んだとか、そんなことを言うでしょう。

僕は絵本なんてまったく読んだ記憶がないですし、読み聞かせしてもらった記憶もありません。自分から本を読むということもなかった。だから愛読書というのは大人になってからも基本的になくて。そういう意味で本好きの人と話をするのが僕は不得意なんですよね。じゃあ、ここになぜ来たのか（笑）。愛読書の意味を辞書で引いてみました。そしたら「気に入って繰り返して読む本」と。僕は本を繰り返して読まないんです。

駒井 意外なお答えですね。本当にそうなんですか。

木村 最初に定義しておきますね。僕の中の読書というのは、小説を読むことなんです。したがって、エッセイ集とかそういうものなら何度も読むものはありますけど、僕はそれを読書とは思わないんです。ですから愛読書と言われて僕の中で小説となると、同じものを何遍も何遍も読むということはまずない。それだったらとにかく新しい本を。それは今も変わりません。ですから「愛読書は何でしょう」と言われると、ないとしか言いようがない。

駒井 小説で繰り返しお読みになるものはないということですね。

木村 ないですね。最高で2回でしょう。もちろん仕事では何度も読みますけど、それはもう愛読しているわけではなくて、途中からは苦行です。

駒井 そういうお答えは極めて稀なので興味深いですね。

木村 稀だと思います。

駒井 普通は愛読書というと「この小説を小さい頃繰り返し読みました」とお答えいただくことが多いんですけど、とても個性的な答で面白いです。でもエッセイは繰り返し読んでいるものはあるわけですね。

木村 あります。たとえば恩師の本は繰り返し読みます。そういうものは手許に置いてあります。あとは翻訳に関する辞書ですね。ソファの横に置いてあって、ぼーっとしながら手に取ってパラパラ見て「あ、こんな定義あるんだ」と。辞書だとちょっと違うでしょう?

駒井 辞書は愛読書というのとはちょっとイメージが違いますね。ところでいわゆる愛読書がないということですが、本を選ぶときにまわりの方の助言とか、そういうものはなかったんですか?

木村 うちの母親が本好きなんですよ。家には本がたくさんありました。ただちょっと偏っていました。遠藤周作、三浦綾子、黒岩重吾、笹沢佐保、松本清張とか、そういうものです。北杜夫とか。読め読めとは言われましたけど、まあ親が言うことですから、それは読みませんよね。

駒井 逆にね。子どもって親が勧める本は敬遠するんですね。僕もそうでした。

木村　高校くらいまで、年に一回、集中的に本を読めと言って買って来られることがあったんですけど、頑なに読みませんでした。うるさいと思いましたね。そういうことにとにかく関心がなかった。この話を伺って、まあ一応自分の人生を振り返ってみました。愛読書はないけれども本は読んでいました。小学生のときには休み時間に図書館に行って。覚えているのは、自伝とかを子ども用に書き直したものです。僕が特に覚えているのは一休とケネディ。一休というのはなぜかというと、あんなに可愛らしいイメージの一休さんの伝記の表紙をいざ見ると、ヒゲもじゃのおじいさんなんですよ。ビックリして、それで読みました。それからケネディも。兄弟が海に落ちて助け合って素晴らしいみたいな。それがイラスト付きで、非常に印象に残った。そういうものを読んだりとか、あとはモーリス・ルブランとかディクスン・カーとか、ああいうのを子ども向けにリライトしたのがありますよね。僕が非常によく覚えているのは『エジプト十字架の秘密』。ちょっと残酷な殺し方だった記憶があるけど、「なんだこれ!?」と思って衝撃を受けた。そういうものは読んでいました。

駒井　教育的見地からなのか、学校の図書館には必ず偉人の伝記ものがありましたね。

木村　そうそう、野口英世とかね。「あ、囲炉裏に手を突っ込んだんだ」とか、そういうことは記憶に残っています。

駒井 それは皆さんお読みになりますよね。でも、今20世紀のイギリス文学がご専門というと、やっぱり思春期ぐらいに外国の小説と巡りあって大きな転機を迎えたというようなドラマがあったのかなと思うんですが。

とにかく音楽と映画が好き

木村 僕はとにかく映画が好きなので、小学生、中学生のとき、『ナイル殺人事件』とか『鏡は横にひび割れて』、映画では『クリスタル殺人事件』ですね、ああいうものを観ていました。ちょっと小説も読みたいなと思って、高校生のとき、早川書房から出ていたポワロのものは全部読みました。映画を観ていたからポワロだけは読みました。それで高校のときに全部読んで、それでミステリーに目覚めた。そうした時期にちょうど母親が、夏目漱石の『坊っちゃん』とかを僕の机の上に置いておくわけですよ。それで、「こんなもんいらん」って言うわけです。でもあるとき母親が、純文学的なものを諦めたんでしょうね。「これなんかどう?」と差し出したのが松本清張の『点と線』だったんです。「なんだこのタイトルは?」って思うわけじゃないですか。読んだらこれがすごく面白かった。アリバイ崩しのところで時刻表か何かを見て実際に駅に行って、という場面があるんですよね。もう、興奮しました。

とにかくあまりに面白くて、すぐ親の本棚に行って、次に水上勉の『飢餓海峡』、分厚い本なんですけど手に取って読んだらべらぼうに面白い。ほとんどワンシッティングで読んだのではないかと思います。松本清張とか、高木彬光とか、高校3年から大学に入ったあたりにハマりました。

駒井 なるほど、二人とも若い人にも人気があったんですね。

木村 ええ、それでもう一気に読みました。あと笹沢佐保、黒岩重吾、ああいう中間小説的なミステリーがありますね。あのへんのものは本当によく読んで、読む本がなくなると、横浜のオデオンに先生堂という大きな古書店があって、毎日というくらい通いました。ワゴンの中に表紙がない本が3冊100円とかありまして、お金がないからこれを丹念に見て買って、それでほとんど読みましたね。僕が耽溺したのはミステリーから。中間小説だか純文学だかエンタメだか分からない、そのへんの。映画との兼ね合いもあるので。

駒井 その頃からシェイクスピアを読んでいたのかな、というような印象をお持ちになる方もいらっしゃるかもしれませんが。

木村 全然違います。

駒井 そこが木村さんの個性的なところで、いつもいろいろお話ししていて面白いんですよね。先ほどの古書店は伊勢佐木町ですよね。木村さんも僕も横浜に住んでいるのですぐ分かるんですけど。今のお話を伺っているとたいへん個性的で、もちろん本はお読みになっていたでしょうけど、1に映画、2に音楽、みたいな感じで、それがやっぱり非常に大きかった?

木村 ええ。この場でこんなこと言って失礼ですけど、僕は音楽さえあれば生きていけます。

駒井 とても大胆なご意見ですが(笑)、それは例えばどういう音楽なんですか。

木村 うちの父親が音楽好きなんですよ。とにかく車好きでね。車に乗ると父親が音楽をかけるんです。だいたいがまず井上陽水。僕はね、文学体験は思い返すと井上陽水です。小学生のときに井上陽水の曲を聴いて衝撃を受けたんです。「限りない欲望」だったかな。聴いたことあります? あれね、最後が劇的なんですよ。ぜひ聴いてもらいたい。人間の欲望は限りないという話なんですけど、僕はそのときに仰天して、もしかしたらあれが僕の文学体験、もしくはポエトリーかな、詩の体験。音楽を詩だけ取り出して能書を並べるのは好きじゃないんですけど。

駒井 最初の文学体験が井上陽水って素敵ですね。でも英文学者というと、どちらかというとブリティッシュ・ロックとかかなと思ってしまうんですけど。

木村 もちろんそういうものは聴きます。でも最初は歌謡曲ですね。昔はテレビを観ればなんでも流れたので。それから父親の影響。あとオールディーズをよく聴きました。ポール・アンカ、ニール・セダカ。小学校5年くらいのときに初めて、横浜の白楽かどこかに貸しレコード屋ができたんです。僕は小学校6年のときに友達と二人でわざわざその貸しレコード屋に行きました。入会するのにお金がかかるからレコードだけ見て。その頃はオールディーズをよく知っていたので「ニール・セダカ借りたいな」とか「ポール・アンカ借りたいな」とか言ってました。あとは父親がディスコ・ミュージックも好きだったんですね。ちょうどビージーズとか、70年代後半。ほかにも、石原裕次郎とか、ああいうものも聴いていました。もしかしたらああいうものを聴いて詩というものがすんなり入ってきて、僕の文学体験になったかもしれません。

駒井 なるほど。当時からロック・ミュージシャンの訳詩集とかもたくさん刊行されていましたね。

木村 あ、僕はそういう楽しみ方はしないです。音楽はあくまでも曲と詩が一体になって、あとは誰が演奏しているかというところに非常に拘泥するので。

駒井 それとプラス映画だったということですか？

木村 映画は父親が大好きで。僕は小学校4年の頃は伊豆に住んでいたんですよ。伊豆の頃は映画というとだいたい寅さんと東映まんがまつり。途中からもともと生まれた横浜に戻ってきまして、そうすると父親が暇さえあると「映画観に行くぞ」って言うんですね。今はちょっと信じられないけど、勘定してみたら当時伊勢佐木町は映画のスクリーンが15、16あったんですよ。それで、父親が何かにつけ「映画行こうよ」と。ちょっとカルト的な人気を誇っていた横浜日劇とかね、今は「ジャック&ベティ」になっているけど。あの日劇によく連れていかれた。2本立て、3本立てで何でも観ました。

ブリティッシュ・イングリッシュの衝撃

駒井 ものすごく大量の、ある種サブカルとも言われた文化を吸収したわけですね。僕もそこまではたくさん観たり聴いたりはしていませんが、やっぱり映画は普通に観ていたし、ロックが好きでしたからブリティッシュ・ロックとか、そういうものはよく聴いていた。あとから話に出てくるとは思うんですけど、木村さんはどうして今イギリス文学をやることになったんでしょうか?

木村 接点がないでしょう?(笑)

駒井 木村さんにはイギリス文学でサマセット・モームとか、D・H・ロレンス、ラドヤード・キプリングの新訳をお願いしましたから、気になりますね。キプリングは英語圏で最初のノーベル文学賞の受賞者でしたっけ。

木村 イギリス人としてはですね。

駒井 そういう作家と出会うきっかけというのはいったい何だったんでしょうか。

木村 もうこれははっきりしています。僕は映画が好きだったけれども、当時はアメリカ映画でしたよね。フランス映画とかもありましたけど。僕は中学生のときから映画の字幕翻訳家になりたいと思ってたんです。うちはサラリーマン家庭ではなくてバリバリの肉体労働者家庭で、当時は親戚も含め誰も大学に行った人はいなかったと思います。ですから、自分も大学に行くということは考えていなかったんですよね。受験勉強もろくにしていなかった。ただ、たまたま行った高校でいい成績が取れていたので、そのまま推薦入学で地元の大学に行けることになりまして。大学に行くんだったらもう、いわゆる英文科へ進もうと。小説を読むためとか文学のためじゃないですよ。映画の字幕翻訳家になるためには英語の勉強をしなくちゃいけない。大学に行けるんだったら英語を勉強できる学科に入ろう、と思って。そして入りますよね。英文科だから本を読まなくちゃいけない。ヘミングウェイとかアメリカ文学をまず読むようになりまして。英語の授業はすべて、完璧に予習をしていきました。こんな珍しい大学生はいないかもしれません。とにかく自分なりに完璧に予習をして、和訳を完璧に作って、先生が教えてくれる日本語を聞いて全部自分で直すということをずっとやっていました。アメリカの小説は授業でやるのと自分で読むというのと重ねてやっていたんですね。それはまだ大学の1年の頃です。うちの大学は2年から専門になって、当時は英文学が大人気だったので試験を受けないと入れなかったんです。ですから1年のときは本当に一生懸命勉強して、試験を受けて、ようやく2年から英文科の学生になりました。そのときはまだアメリカ文学をやろうと思っていました。僕の恩師の小川高義先生の授業でポーを読みました。そのときにたまたま小野寺健先生の英文学特講という授業があって、僕はイギリス文学のことを全く知らなかったんですけれども、あるとき映画を観ることになったんです。そのときに観た映画がE・M・フォースター原作の『眺めのいい部屋』。もちろんまったく知りません。でも僕はこれを観て衝撃を受けた。観てというよりも、聴いて衝撃を受けたんです。ブリティッシュ・イングリッシュに。もう本当に「何この英語!」と思って。

駒井 それまではアメリカの英語をずっと聴いていたから。

木村 別に英語なんかできる人間ではないですけども、今まで聴いていた英語とまるで違う。たぶんリズムとかが僕にピッタリ合ったのかな。独特の抑揚が。

駒井 僕はそんなに英語は分からないですけど、イギリスに行って英語を聴くと、抑揚がメロディのようで驚きました。全然違うんですよね。

木村 あの英語は上流中産階級なので、きちんとした英語を喋るでしょう。それをきっかけにして、イギリスにすごい興味を持ち出した。それで先生の授業を伺ってから、イギリスの小説も読んでみようと思いました。小野寺先生は有名な翻訳家でいらして、たとえばマーガレット・ドラブルの『碾臼』を訳されていたので、すぐに買って読んでみたら、これがめっぽう面白かったんです。それで止まらなくなって、先生の訳されたもの、図書館にある本、それから横浜にあるいろんな古書店を回って、とにかくイギリスの作家とあれば何でも買って、そこからむさぼるように読みました。『ジェイン・エア』なんて新潮文庫の2冊本を買ってきて部屋のベッドに寝ころんだまま一気に読みました。そういう記憶がありますね。アメリカ文学とイギリス文学の違いなんて考えなかったんですけど、イギリス小説がとにかく自分の性に合っている、これは間違いないなと思いました。非常に日常的なことをこまごま書くでしょう。

駒井 そうですね、イギリス小説はこれでもかというくらいディテールを書き込みますよね。

木村 イギリスの小説って非常に細かいことを書いていて、結局読み終わってみたら何があったかも分からない。非常に日常的な中で何か自分の心にちょっと漣が立つようなことを書いているだけなんですよね。

駒井 でもそれがまたすごい長さで、その密度が高い。イギリスの小説ってそういう意味ではだいぶアメリカと違いますよね。

木村 そうそう。こんなことというとあれですけど、アメリカ的なものって話が大きくなるじゃないですか。

駒井 大胆にひろがりますよね。

木村 そう。そういうところよりも、イギリスの本当に日常的な、些末なことをこまごまと書いていってというのが、読んでいてただただ楽しかったんです。

日本語の小説から滋養を得た

駒井 それでは大学生ぐらいからイギリス小説ばかりお読みになったということですか。

木村 まずイギリス小説には集中していますけど、あとはもう、日本の小説はずっと読んでいました。文芸翻訳だったら日本の小説を読んでいないと駄目なんだろうなという気はしますね。普通に今小説を読むと、やっぱりプロの作家って本当に日本語が素晴らしいです。やっぱりうまい。僕は純文学だけではなくてエンターテイメントとか非常に好きで読んでますけど、やっぱりうまいなと思う。ただただ嘆息を漏らすばかり。ですから振り返ってみると、日本語の小説をずっと読み続けてきたのは極めて優れた滋養になって土壌になっているかなと感じます。

駒井 その日本の小説、エンターテイメントも含めてですけれども、いわゆる日本の近現代小説を意識的に読むようになったのは大学生ぐらいのときですか。

木村 大学生ですね。僕は何かに関心を持つと系統的に、あとは時間軸に沿って読みたがるんですよ。ある作家の4作目を読んでしまったとすると、気に入ったら僕は1作目から読まないとまず嫌なんです。

駒井 さすが、学問の世界に進む方の思考方法ですね。

木村 理屈っぽいかもしれませんけどね。日本映画も非常によく観ました。日活・大映の映画とかはとにかく映画館に。今はそういうことはできないと思うんですけど、当時はあちこちの名画座とかで昔の古い映画のリバイバル上映をしていたので。市川雷蔵なんかは今の僕の歳では映画館で最もよく観ていると自負できるくらい、ほとんどすべて観られるものは観たと思います。そうすると、あれは原作がありますよね。源氏鶏太とか石川達三とかもありますけど、たとえば市川雷蔵を例にとったら『炎上』とかがあると三島由紀夫を読まなくちゃってなるじゃないですか。映画から原作に行くパターンになって、『破戒』を観たらそれは藤村を読まなくちゃってなるじゃないですか。僕はそっちなんですよ。

駒井 最初に映画を観て、原作を読む。

木村 そうです。そのあたりから、せめて明治から読もうということになって、大学のときに明治期から順番に読んでいきました。漱石も全部読みましたし。すべての作家を全部読むことはできないけど、漱石だけは全部。完璧にハマったので長編は全部読みました。あれで僕はとりあえず大学時代は生きられたというか、あれがなかったらたぶん今の僕はなかったんじゃないかなというくらい人生の糧になった。

駒井 漱石の長編をすべてですか。すごいですね。

木村 特に中期・後期が好きですね。

駒井 なるほど。たとえば作品でいうと？

木村 いちばん衝撃的だったのは『行人』ですね。一郎というのかな、ああこんなに自意識の強い人間が生きていけるんだと。思春期って自意識が強くなるでしょう。ああいうときって普通友達と話をしてあまり気にしなくなるのか、深く思い悩んでどっかに行ってしまうのかでしょうけれども、僕は夏目漱石の小説を読んで、特に『行人』に助けられました。こういうふうに自意識が強くて自分のことを思い悩んで生きている人が現実にいるんだなと、フィクションなのに勝手にそう思い込んで。まあ生きてていいんだなと感じたわけです。あとは島崎藤村の『春』とか『桜の実の熟する時』『新生』とかかな。この人はちょっと性に思い悩んでいると思って。思春期特有の性に思い悩むところとかに共鳴しました。あとは伊藤整ですよね。これがあとでロレンスにつながります。大学時代はこの3人の作家には本当に助けられました。あれがなかったら僕はどうしていたんだろうと思います。

駒井 夏目漱石、島崎藤村、伊藤整。この3人の作家の影響が大きいのですね。

木村 ええ、この3人は僕の中で当時のベストスリーとなるでしょうか。

駒井 そういう日本の近代文学に大きな衝撃を受けたというプロセスがないと木村さんの今日に繋がらないというのは、今お話を伺っていてすごく感じました。

木村 仮に翻訳をするとなって、じゃあ近代文学、昔のものを読んでいなくちゃいけないのかというと、それは別にないと僕は思っているんだけども。でもやっぱりしっかりした土壌づくりみたいなものがあるといいですよね。僕の場合は遡って、ある出発点を決めたらそこから積み重ねていって芋づる式にひろがっていくということをするのがすべてにおいて好きなんですよ。ですから、土台はしっかりしているなという気はします。そこが僕の中では重要なので、土台がしっかりしていないものに関しては何を書いても何を言っても上っ面という感じになる。これは人の文章を読んでも分かります。よく音楽家とかが亡くなってニュースになりますよね。そのとき誰かの文章を読んだりコメントを聞くと、「あ、この人本当はこの音楽を聴いたことがないな」って一発で分かりますよね。マイケル・ジャクソンが亡くなったとき、とみにそれを思いましたけど。「そうですね、えーと、『スリラー』が……」なんて、この人絶対聴いてないなという、そういうのが出てしまうでしょう。ですからそういう土壌づくりというのは大事。あと若いときにそれをしないと駄目だと僕は思っているんですよ。遅くても大学だと思いますね。

早いうちから生涯好きになれるものを作っておく

駒井 ちょっと結論めいたことを聞いてしまいますけど、若い世代に読書の方法でお勧めしたいことがあるとしたら、今おっしゃったように大学生ぐらいまでにそういう体験をすべきだということですか。

木村 そうですね。大学生でも若干遅い気はします。もっと若いときから興味を持っていないと付け焼刃的になってしまう。とにかく早いうちから音楽でも映画でも、スポーツでも何でもいいと思うんですけど、何か生涯好きになれるものを作っておく。そうしないと、歳をとったときになかなか大変なんじゃないかなという気がします。僕は基本的によけいな人づきあいはしませんけど、社会に出て人づきあいをしたときに何かそういう核になるもの、若いときに培ったものがないと、なかなかうまくいかないし、「コイツなかなかだな」と思われない気がするんですよね。何かこういう場とか、翻訳という仕事をしているときに編集の人とかと話をすると、僕なんかよりも圧倒的に雑学とか、教養と言ってもいい、知識が多いんですよ。そういうとき昔から本を読んだり音楽を聴いたり映画を観たりしてきてよかったなと思います。だから早いうちに何でもいいので興味を持つ。それがたまたま本だと安いお金で2時間も3時間も、下手すると一日ずっと遊べる。こんなに安くて楽しいものはありません。僕は本を読むということを教養だとはまったく思っていないので。

駒井 よく言われるような教養ではないと?

木村 「教養って何ですか?」と聞かれて、「いかに暇をつぶせるかですね」と答えた人がいるんですよ。僕はそのときに「なるほどな」と思った。僕は日常的に「つまらない」という言葉を口にする人が駄目なんです。「何か今日つまんないね」とか、どこかに行って「つまらない」とか言う人とは二度と会わないことにしている。それはお前がつまらないんだ、と感じてしまうんですね。なんでもいいから一時間空いたら、この一時間をつぶすことができない人って、たぶんその人は教養がない人だというふうに思うので。ですから僕は、本が自分の人生を豊かにするとかと思って読むことはまったくないです。こんな言い方をしたら悪いかもしれないけど、大いなる暇つぶしだと思っています。

駒井 要するに暇つぶしとして本を読むということの重要性ですよね。

木村 そうです。音楽も映画も勉強だとは思いません。楽しいからですよね。僕はとにかく人に「あれやれ、これやれ」と強制されることが嫌で、自分が興味を持たないことにはまったく関心がないんです。サッカーとか野球とか、まったく分からない。今は少なくとも見ないし、遠ざけます。テレビで映っていたら消すほどですから。だから好き嫌いがはっきりしているんですけども、好きなものに関してはとことん耽溺します。

駒井 教養を身につけるとか、そういうことではなくて、いい意味での暇つぶしということの重要性みたいなこと、それが木村さんの場合は読書だということですね。たとえばミュリエル・スパークというイギリスの女性作家がいますけど、もう木村さんは4作も訳されています。翻訳するのに大変な教養が必要な小説だと僕は思うんですが。やっぱり魅力的なイギリス文学の翻訳とか、そういうものはどんどん続けていきたいと思われますか?

木村 分かって読んでいるかと言われるとあれだけど、映画の字幕翻訳家になりたいと思ったのに今こんなことをやっているのは、小野寺健先生と小川高義先生の両巨頭に教わって、大学2年から3年くらいのときに文芸翻訳家になろうと進路を変更したからなんです。

駒井 そんな早い時期に決めていらしたんですか。

木村 そうです。特に小野寺先生の授業はすごかった。だって大学1年生でウィリアム・サンソムとかウィリアム・トレヴァーとか読むんですよ。それで、こちらが訳読しますよね。そうすると先生が、駄目とは言わず、「そうかな、そんな感じかあ」とか言いながら「ちょっと読んでみようか」と。そして先生の訳読が始まるんですけど、もう完璧な日本語なんですよ。朗読ですよね。あとで小川先生に「小野寺先生の授業、そんな感じでしたよ」って言ったら、「そりゃあたぶん用意していたよ」とおっしゃっていましたけど。用意はされていたかもしれないけど、やはり衝撃を受けました。そういうことがあって僕も小説を訳したいなと。小川先生もその頃から翻訳をされるようになったので、両先生の影響を受けて、イギリスのいわゆる純文学を訳したいなと思ったんです。エンタメとかではなくてね。

駒井 エンタメといえばジョン・ル・カレを筆頭に、スパイ小説はイギリスにはいっぱいあるじゃないですか。冒険小説の宝庫でもありますし。

木村　それは全然読んだことがなかった。その頃はとにかくいわゆる純文学ですね。つまり英文学史的な本。そこからですよ、シェイクスピアとか、翻訳でもいいからとにかく遡って読み始めたのは。イギリス文学史に載っているような本。簡単に言えば、小野寺先生みたいな翻訳家になりたいなと思ったんです。それで、変な考え方ですけど、そういう翻訳をするためには大学の先生にならなくちゃいけないんだと思ったわけです。情報もない、ずっと前の話ですから。ということは、大学の先生になるためには大学院に行かなくちゃいけない。うちの大学は当時大学院がなかったので、じゃあ大学院のある大学へ。20世紀小説が勉強できるところはどこかないかなと思って大学案内の本を読み、各大学を調べて、20世紀小説を専門とする先生がいるところに○を付けて。全国にちょこちょこあるわけですね。それで僕はあんまり遠くへ行きたくなかったので関東近辺の大学院を受け、そのうちの一つ、入れたところに行ったんです。翻訳家になるために行ったんです。それで大学院に行ってみたらビックリしました。まわりの人たちが小説好きじゃないんですね。これに衝撃を受けました。きわめて優秀な先輩たちが小説好きではないんだということに僕は衝撃を受けたんです。昔、大学生のときに電車に乗っていて、ジェイン・オースティンの『自負と偏見』を読んで大笑いしてしまったことがあるんです。あまりにおかしくて「もう駄目だ、笑いが止まらない」と思って本を閉じ、「もう、死ぬ死ぬ」と思いながら学校に行って、どこか人がいない教室を探し、そこで続きを読んでゲラゲラ笑った。そういう話をある先輩にしたんですよ。そうしたら、自分はオースティンの何が面白いのかさっぱり分からないって言われたんです。僕は仰天しまして、オースティンの面白さがまったく分からない人がこのイギリス文学の研究室で研究をするんだっていうことにショックを受けました。とにかく小説の話なんかしてないですよね。マルクスがとか、デリダがとか、言ってました。僕にはまったく分からない。小説好きがたまたま行っちゃっただけ、それも批評の分野で最先端の大学院にうっかり行っちゃったものだから、ここは肌が合わないなと思ったけど、耐えました。先生たちに恵まれていたのがよかったのかもしれません。多くのことを教わりました。戦前戦中生まれの人は小説を大量に読んでますよね。小野寺先生もそうでしたけど、授業中とかにポロッと変なことを口にされるんです。ある授業のときに小野寺先生がいらして、座ったまま何も喋らないんですよ。当時怖かったからみんな怒ってるのかなとかって思っていたら、「遅れて申し訳なかったですね、いやぁ、梅崎春生は面白いねぇ」って。それを読んでいたから遅れたというわけです。先生はよく、何か面白い本があると、「この中で何々を読んだことのある人はいるかい」と尋ねるんですね。「この中でグレアム・グリーンを読んだことのある人？」とか。僕がとにかく先生に褒められたい一心で「はい」なんて言うと、「君、何読んだ？」「『情事の終り』を読みました」「あれから読んじゃうとグリーンはちょっとアレだろ」なんて答えが返ってくる。ロレンスの回のときに伊藤整の話になって、「この中で伊藤整を知ってるやついるか」という問いに僕が手を挙げると、「なんで知ってるんだ」。梅崎春生のとき、僕は手を挙げられなかった、それは後悔しました。その後です、梅崎春生を読んだのは。大学院のときも、会うと先生たちがそんなことを言って、そうすると僕は密かに読むんですね。

人から薦められた小説は面白くない

駒井 木村さんは小野寺先生にすごく影響されたわけですね。それに倣って、木村さんが今若い世代にそういうふうに読書の方法を、教室ではなくて今この場でいいんですけど、小説を読む方法、たとえば「こんなのを読んだら」って言う人がそばにいたほうがいいよとか、何かアドバイスすることってありますか。

木村 経験上よくわかったのは、人から薦められた小説は面白くないということ。たとえばテレビでこの小説が何とかって言うでしょ。それを読むとまず面白くないんです。その小説が面白くないわけじゃないんですよ。自分がそこに同調していないから。面白いって言ってるから読んでるわけでしょう。自分が読みたいと思って手に取っていないんですよ。

駒井 要するに人に薦められたのではなくて、自分が読みたいもの、聴きたいものを求めていくということですね。

木村 そういうことです。「何を読んだらいいですか」という人が仮にいたとしたら、その人は本を読む態勢になっていないから読むべきではないと僕は思います。まあ言いませんけど。自分が関心を持っているトピックってあるじゃないですか。たとえば本を読みたいなとうずうずしてきたけど、でも何を読んでいいかまったくわからないとき、もしその人がサッカー好きだったらサッカーのことを書いている小説を読めばいいんですよ。

駒井 なるほどね。関心のある題材について書かれた小説を読めということですね。

木村 僕はふだん、大学で教えていて、難しい翻訳もしていて、頭が常にパンパンになっている状態なので、脳をリラックス、身心をリラックスさせるために音楽を聴いて小説を読むんですよ。何でも読むんですけど、僕の中でこれは読む、というトピックがあるんです。すべて読んでいるわけではないですけどかなり読んでいると思うもの、まずディザスターものです。昔、パニック映画というのが流行りましたよね。たとえば『ポセイドン・アドベンチャー』とか『タワーリング・インフェルノ』とかね。僕はパニック映画が大好きなんですよ。それでディザスター小説も読むんです。日本のものだったらほぼ読んだかな。それからゾンビものですね。あとは、パンデミックもの。それからミュージシャン、音楽関係の小説、これも読みます。ほかには小説家が主人公のもの。あと、大学を描いたもの。主人公が大学教師なんていうと、これには目がないです。

駒井 それはやっぱりご自分に投影するところがある？

木村 研究職の人の話って面白いじゃないですか。あとまあ、ちょっと話をひろげると、専門職の人の話って面白いですよね。それは肉体労働的なものとかでも、何でもいいんですよ。山田詠美の何かの小説で、ごみの収集員が彼氏にいるという話がありましたよね。あとは天才の話とかも。とにかく、極力身銭を切って読むようにしています。

駒井 最後にお聞きしたいのは、木村さんにとって「私が本からもらったもの」、それは何でしょうか。

木村 僕をこの世と繋ぎとめているものですね。たぶん本がなかったら生きていけないと思う。大袈裟な言い方をすると、そんな感じです。昔は1番が音楽、2番が映画、3番が小説だったんですけど、今は順番が入れ替わって、1に音楽、2に小説、3に映画になりました。この3つのうち特に上位2つは、なかったらまともには生きていけないと思います。生きるために必要なもの。僕は人と関わらなくてもまったく大丈夫なんです。極力関わらないで生きていきたいと思っているのですが、独りでいるときに音楽と小説がないとたぶん生きていけない。本を読むことは教養ではまったくないんです。昔はお腹が空いて倒れる寸前まで本を読んでいましたから。それくらい必要なものです。

駒井　今日は面白いお話、ありがとうございました。

木村　こちらこそ、ありがとうございました。

読書案内

＊エラリイ・クイーン『エジプト十字架の秘密』（青田勝訳、ハヤカワ・ミステリ文庫）
＊松本清張『点と線』（新潮文庫）
＊水上勉『飢餓海峡』（新潮文庫）
＊マーガレット・ドラブル『碾臼』（小野寺健訳、河出文庫）
＊シャーロット・ブロンテ『ジェイン・エア』（小尾芙佐訳、光文社古典新訳文庫）
＊夏目漱石『行人』（新潮文庫）
＊ジェイン・オースティン『高慢と偏見』（小尾芙佐訳、光文社古典新訳文庫）
＊グレアム・グリーン『情事の終り』（上岡伸雄訳、新潮文庫）

＊
第5夜

土屋京子

英米文学

（つちや きょうこ）翻訳家。1956年生まれ。東京大学教養学部卒。訳書に『ワイルド・スワン』（ユン・チアン）、『EQ〜こころの知能指数』（ゴールマン）、『トム・ソーヤーの冒険』『ハックルベリー・フィンの冒険』（トウェイン）、『ナルニア国物語』全7巻（C・S・ルイス）、『仔鹿物語』（ローリングズ）、『秘密の花園』『小公子』『小公女』（バーネット）、『あしながおじさん』（ウェブスター）、『部屋』（ドナヒュー）ほか多数。

楽譜を読むのが好き

駒井　こんにちは、駒井稔です。今回は英米文学の翻訳者である土屋京子さんに来ていただきまして、お話をいろいろ伺っていきたいと思っています。

土屋　よろしくお願いします。

駒井　まず最初に「私が本からもらったもの」というお話から入ってもよろしいですか。これ今回のイベントのタイトルになっておりまして、皆さんには一番最後にお聞きしてきたんですけど、ここからお話を始めるというのも一つのやり方だと思いましたので。土屋さんはこれまでノンフィクションはもちろん『ナルニア国物語』『トム・ソーヤーの冒険』『ハックルベリー・フィンの冒険』『仔鹿物語』『あしながおじさん』『秘密の花園』などたくさんの古典を訳してこられました。その土屋さんにとって、本からもらったものっていったい何でしょうか。

土屋 もう人生のほとんどすべてのことを本からもらったと思っています。趣味がわりといろいろありまして。

駒井 そうなんですか。

土屋 小さい頃からパッチワークだとか編み物とか洋裁とかガーデニングとかに凝ってきました。そういうことは全部本から学んで、コツとかやり方、全部本から楽しみをもらう。人生を楽しむ方法を教えてもらったという気持ちがあります。それからもう一つ、本から派生した答えかもしれないけど、楽譜を読むということがすごく好きで。私が大学に入った頃だったと思うんですけど、音楽評論家の吉田秀和さんがマウリツィオ・ポリーニが弾いたショパンのエチュードのレコードが出たときに、「これ以上何をお望みですか」って言うんです。

駒井 ガツンとくる、すごいコメントですね。

土屋 すごいですよね。吉田さんがそんなに言うなら聴いてみようと思って、レコードを買って聴いたらもうびっくりして。何がびっくりしたかっていうと、全部の音が聴こえるんですよ。もちろんプロのピアニストは全部の音を落とさず弾いているわけですけれども、ポリーニの場合はすごく明晰に聴こえるんですよ。全部の音がしかるべき強さで、しかるべき主張を持って明晰に聴こえる。この楽譜を書いた人はこれをこう聴かせたかったんだよというメッセージまで伝わってくるような気もする。なんで今わざわざ言っているかというと、自分の翻訳はポリーニのエチュードのようでありたいとずっと思っているからなんです。行に書かれている全部のメッセージがはっきりとあからさまに書かれている場合も、こっそり書かれている場合も、すべてがそれなりのしかるべき強さで表現されている翻訳文っていうのが、私にとっては理想の翻訳だと思うんですね。いつもポリーニのレコードを聴くたびに、こういう風に翻訳したいなって、これなんだよなって思っているんですね。

駒井　なるほど。そこには翻訳における究極の目標が設定されているわけですね。

辞書って本当に面白い

土屋　あとは私の人生で一番大きかった書物って間違いなく辞書。英文和訳の英和辞書。辞書って嫌いな人もけっこう多いと思うんですよ。めんどうくさいから。

駒井　僕なんかもちょっと苦手ですね。大きいし。

土屋　ですよね。だけど辞書っていうのは本当に面白いんです。当たり前だけど何でも書いてある。今の私を作ってくれた本が辞書であると思っているんです。英和辞書は引くと、英語の例文とそれを訳した日本語の文章が書いてあるわけですね。それを比較しながら読むのがすごく好きだったんですよ。例えば「taste」は日本語で言えば「テイスト」ですけど、味とか趣味という意味の言葉ですね。辞書で引くと「Tastes differ.」とかそういう言葉が出てくる。「Tastes differ.」って「好みは人それぞれだ」という意味なんですけど、それが辞書でどんな日本語になっているかというと「蓼食う虫も好き好き」とか「十人十色」。すごい落差でしょう。「Tastes differ.」から十人十色。

駒井 興味深いというか、驚きですね。

土屋 この落差に私はやられてしまったんですね。そんなに飛躍していいのかって。辞書を好きになるきっかけだったんです。

駒井 こうしてお話を伺っていると日本の英和辞書ってすごいんですね。僕なんかは辞書を引くのが面倒臭いと思うタイプだったので（笑）。

土屋 今はネットで検索して辞書代わりにしてる人は多いみたいですね。それもいいんだけれど、私は辞書を読むっていう、「引く」じゃなく「読む」っていう方法で楽しんでいたんです。

駒井 電子辞書とも違っているわけですよね。

土屋 紙の辞書じゃないとこれはできない。

駒井 そういうことなんですね。紙の辞書だと読む作業になるから、いい意味でのほかの情報もたくさん入ってくるっていうことでしょうか。

土屋 私の場合は辞書をいつも持ち歩いて、学校でも家でも適当なページをパッと開いて、そこで目についた項目を読む。それがすごく面白かったんですよ。

駒井 そういうお話を聞くと驚きとともに羨望の念をおぼえます。

土屋 そして小学校の高学年で名古屋ＹＷＣＡってところに英語を習いに行くんですよ。教え方がすごくユニークで、全然書いたものをくれない。先生がマザーグースを「Baa, baa, black sheep, Have you any wool?」みたいな感じで言うと、何を言ってるのだか全然分からないけど、お経をまねするのと同じように発声する。家へ帰って「今日は何を習ってきたの？」って親に訊かれても、全然説明できなくて。もう困っちゃうぐらいなんですけど、そういう教育を受けて。

駒井 へえ、４年生でですか。スパルタというか、個性的というか。

土屋 何かとっかかりがほしいわけですよ。メモをとろうと思ったって手が追いつかないし、とにかく耳で聞いて覚えるしかない。何と言っているのか知りたいという気持ちが一年間すごく募って。それで5年生になったら書いたものを初めて渡してくれて、それを読みながらこれはこういう意味ですねっていう授業になったんです。それがなんと『ジェイン・エア』。

駒井　うわあ。

土屋　5年生で。

駒井　英語の原文ですよね。

土屋　英語で、子ども向けのペンギン・ブックスの。どうやってあんな短さにしたかと思うぐらい、厚さ1センチか2センチのペーパーバック。しかもページの上半分は挿絵になっていて、下半分に大きな活字でストーリーが書いてある。大人になってから本当の『ジェイン・エア』を読んだとき、びっくりしましたけど。こんなに長いものをどうやって小学生向けにリライトしたのかって。

駒井　でもそれが教材だったのですね。

土屋　そうです。そのときにやっと辞書をもらって。これでようやく調べれば分かるじゃないかと。それがすごく嬉しかったんですよ。親も最初は分からなくて、買ってくれたのがコンサイス英和辞典だったんですよ。コンサイスって「小さくなった」とか「簡便な」という意味なんだけど、その言葉のとおり、すごい小さい字でぎゅうぎゅうに文字が詰まっていた。小学生にはまだ早かったんですね。

駒井　確かにそうかもしれません（笑）。

土屋 親に「違う辞書を買ってくれない？」と頼んで、旺文社の初心者向けの辞書を買ってもらった。何より良かったのは、本の小口にＡＢＣＤＥＦ……とずらっと印刷してあった。それで簡単に辞書が引けて、勉強し始めた。そのような経緯があります。天の助けのような本だと思ったわけですよ。

駒井 それにしても、名古屋ＹＷＣＡというところはすごいなあ。そういう教育法があったなんて。

土屋 1年待たされたっていうのが、すごくいいスタートになったんですね。

駒井 小学校の体験が一生を決めてしまったんですね。

土屋 そうですね。今でもマザーグースはおかげさまでたくさん覚えていて、それはそれで翻訳の仕事には役に立っている。結果的にはすごく良かったですね。子ども相手にこういうことよくやるなっていう授業でした。

駒井 ある意味でとってもいい教育だったわけですね。

土屋 そうみたいですね。実は私は大人になってからも翻訳をちゃんと習ったことはないんですよ。

駒井 翻訳教室へ通ったりはしなかったのですね。

土屋 誰かの弟子についたとかそういう経験なしに、いきなり翻訳コンテストでとおってしまった。だから不安がなくはないんですけど。でも、辞書に頼ればそんなに大きな間違いはないですね。翻訳という仕事は原典に基づいてする仕事なので、それを最大限に活かすっていうことは何より大事なこと。英語から日本語への翻訳を「渡る」という言い方をしてみると、いつも平坦な橋をまっすぐに渡れるものとは限らなくって、時々跳ばなきゃならないこともどうしても出てくる。そこでうまく跳べないと下手な翻訳になるし、読んでいてつらい。そこをうまく跳ぶ、でも落ちないように跳ぶ。そしてちゃんと向こう側に着地する。それが翻訳の一番醍醐味です。和田誠さんが『お楽しみはこれからだ』っていう本を書いていらっしゃって、その中で紹介している話があります。映画『ジョルスン物語』の中で、主人公のアル・ジョルスンっていう人が「You ain't heard nothin' yet.」って言うんですよ。それをそのまま訳すと「あんたまだ何も聞いちゃいないよ」という台詞。そうなんだけど、それが日本語で「お楽しみはこれからだ」って訳されている。これがすごいなって。

駒井 確かにすごいですね。名訳というか。

土屋 これを読んだ瞬間にすごいなと。これこそ翻訳だって思いましたね。

最初の愛読書は『長くつ下のピッピ』

駒井 原文から外れているじゃないかっていうこともできるけど、これこそが逆にいえば翻訳だと思います。ところで話は変わりますが最初の愛読書はなんでしたか？

土屋　『長くつ下のピッピ』になりますかね。大人になってもやっぱり読みたくて、またわざわざ買っちゃったという。もう唯一無二と言っていいぐらい大好きです。

駒井　なるほど。でもたとえばディズニーの絵本とかはお読みになったのではないですか？

土屋　それは嫌いなんですよ。怖いから。一番最初の記憶といえば、ディズニーの『眠れる森の美女』。だけど、オーロラ姫が糸車に指先を刺されて、目を見開いた表情が怖くて、トラウマになっているんです。

駒井　確かにディズニーにも、結構恐ろしいシーンがありますものね。

土屋　子どもの本って怖い挿絵がけっこうあって。

駒井　そうなんです。意外に多いんですよね。僕もすごく怖い挿絵を憶えています。

土屋　『ジェイン・エア』の子ども向けペーパーバックでも、精神を病んだ奥さんが屋敷に火を放って、紅蓮の炎が上がる屋根裏の窓から半身を乗り出して、わーってなってるっていう絵が、すごくおどろおどろしい。

駒井　わあ、それはすごく怖そうですね。

土屋　そういう絵はもう忘れがたく記憶に刻まれていて。小泉八雲も怖くて眠れなくなっちゃう。その後小学校に入ってから、自分の好きな本を読むようになって。それで『長くつ下のピッピ』に出会ったんですね。私は真面目な育て方をされたので、『長くつ下のピッピ』って大ショックだったんですよ。何しろ親の監督もなしに一人で好きに暮らしてて、学校も行かないし。

駒井 そうでしょうね（笑）。よくわかります。

土屋 お掃除っていって、床に水をぶちまけて。モップをスリッパ代わりに履いて、スケートするみたいに水浸しの床の上をバーッと滑って出来上がり。当時の私からしたら有り得ない世界に生きている子どもで、ピッピになりたかったんですよ。自由奔放で天真爛漫で。

駒井 何物にも縛られずに生きる子どもがうらやましかったんですね。

土屋 それと同じラインで『千夜一夜物語』にも惹かれました。人をだます話とか、嘘八百とか、ほら話とかそういうのが満載。私の家では、小さい頃は安全で正しい本しか読んではいけなかったんですよ。だからこんな世界があるとは思わなくて。親元を離れて大学生になってから初めて、岩波文庫の『千夜一夜物語』全26冊を読みました。ウハウハと思いながら。

駒井 『千夜一夜物語』を全部ですか。大変なことですよ。

土屋 ちょうど足の手術で長期の入院をしていたんで、毎日毎日読んでたんです。面白くて、やめられなくて。

駒井　僕はもちろん全巻なんて読んでいませんけど、今からでも読みたくなりますね。

土屋　面白かったですね。親は知らなかったと思うんですよ、私が『千夜一夜物語』なんていうとんでもない本を読んでるっていうのは。読書って、親の知らないものを読んでいると面白いですね（笑）。

駒井　素晴らしいお言葉ですね。でも本当にそうなんですよね。

まずはダイジェスト版で名作に触れた

土屋　親に与えられた本はつまんないですよ大体。

駒井　おっしゃるとおりで、自分の世界を持つっていうことが読書体験の始まりですよね。

土屋　そうですね。私の親はね、とんでもない親で。

駒井　何の話を（笑）。

土屋　母親は私を早く自分の話し相手にしたかったみたいで。なるべく早く促成栽培したいと思ったみたいで、子ども向けに古典をリライトした『戦争と平和』とか長い本を次から次へ買ってきて。『罪と罰』『椿姫』『坊っちゃん』『ああ無情』『ファウスト』『ベニスの商人』『巌窟王』『赤と黒』『女の一生』『路傍の石』『脂肪の塊』『こころ』とか、この時に読みましたね。

駒井　なんと豪華なラインナップ。

土屋　大人になってリライトされていないものを読んで、ああ自分は何も読んでいなかったのかもしれないと思いました。大学生になってしみじみと夏目漱石の『こころ』を読んで、「こんないい作品だったのか」って。子どもの頃にリライト版の『こころ』を読まされて、「別に」って思っていて。「こんないい本を何であんな読み方をしてしまったんだろう」って、ものすごく後悔があって。「あんな本を読ませた母親もけしからん」ってぐらいに思ってしまって。

駒井　あはははは。お母さんに怒ったんですね。

土屋　大学生の頃は怒っていましたね。

駒井　お気持ちはよく分かるんですけども、逆に言えばそのダイジェスト版にそこで一回触れておいたことで、そういう作品のエッセンスが自分の中に残っていったってことはありませんか。

土屋　言葉としては残ってるんです。その当時の乱読が何の役に立ったかというと整理しきれませんが。

駒井　言葉がきちんと自分の中に残ったことは大事なことだと思いますが。

土屋　そうですね。自分でちゃんと使えない言葉が増えはしました。

駒井　多読すると語彙は豊富になりますものね。

土屋　いっぱい頭の中には残っているんですよ。おもちゃを散らかしっぱなしにしたみたいな形で、消化しきれない語彙が頭に残っていて。

駒井　よく分かるような気がします。

土屋　どうしてこんな言い方を自分は知ってるんだろう。自分でも分からないんだけど、でもそれは小学校の頃の乱読からたまっていた知識の澱みたいなものが残っているんだと思います。

駒井　くりかえしになりますが、そこで世界的な名作に一度触れておいたっていうのは、とても重要な体験になったような気もするんですけど。

土屋　そうですか？

駒井　物語が短くなっていようが、そういう作品に巡り合い、語彙数が増えた。これはとても大切な体験だったのかなとお話伺っていて、逆に思ったりするんですけどね。

土屋　じゃあ、母を許すことにしましょうか（笑）。

駒井　そうですね。感謝とは言いませんけど、お許しいただいた方がいいのではないかという気がいたします。

土屋　やっぱり作品、特に文学って、適齢期があるものでしょう。読める精神年齢になっている時に味わわないと、だめだと思う。

駒井 読んだ時に苦痛な感覚だけが残ると、かえって適当な時期に接する機会を逃してしまうかもしれませんね。

土屋 私、中学の頃は全然フィクション読まなかったんです。『君たちはどう生きるか』にはこの頃に出会った。

駒井 最近ベストセラーになりましたね。

土屋 あれはいい本で、それでガーンってびっくりして。自分に対してバチッとまっすぐ問いを発している本だった。そういう本を読むのは初めてだったので、びっくりして。それから人生論とか、どう生きるかみたいな、そういう本を中学の時にいっぱい読みました。

駒井 中学生って自我が芽生えて、親から少し自立してってっていう頃。だからこそ、そういう本を一番求めている時期ではありますね。

土屋 学校の図書室にもそういう本がたくさんあったので、次々に借りて読んだんです。

駒井 図書室にはそういう本が揃ってますものね。

土屋 はい。だから中学はノンフィクションの時期でした。

駒井 中学生とか高校生ぐらいの時、お友達と「こんな本面白いよ」とか、そういう情報交換はなさいましたか。

土屋 ありましたね。高校に入ってからは、ユーモア本。今の夫になった男性が、高校の同級生で1年生のクラスにいて。「こんな面白い本あるよ」「こっちも面白いよ」みたいな本の読み合いをしていたんです。そのときに北杜夫の「どくとるマンボウ」シリーズとか、それから井上ひさしの『モッキンポット師の後始末』。今でも持っています。何度読んでも面白い。そういう本を「面白いね」って馬鹿話しながら読んでたんですけど。でもやっぱり高校って勉強第一で忙しくて、本を耽読する余裕はなくて。息抜きに面白い本を読んで、あとは勉強みたいな感じでした。

駒井 確かに高校生は受験勉強もありますし。

アメリカへの留学

土屋 そして高校2年生の夏にＡＦＳの奨学金をもらって、アメリカに1年留学したんです。そこからは日本語の読書ってあまりしてなくて。

駒井 高校2年生になったときに？

土屋 2年生の夏から一年間。

駒井 ＡＦＳって、「American Field Service」ですね。要するにアメリカに日本の高校生をホームステイさせる組織ですね。

土屋 元々はアメリカの野戦奉仕団。戦争で怪我した人たちを助けるっていう団体だったんです。各国の学生に奨学金をあげてアメリカに招いて、交流を深めるということを主にやる非営利団体になっていって、私はそれの19期。一年間、アメリカのテネシー州に行ってきました。

駒井 その当時まだ外国に行くって大変なことでしたよね。

土屋 1ドル360円。

駒井 固定相場制だった頃ですね。海外って普通の人はなかなか行く機会がなかった。

土屋 行った理由としては英語が好きだったというのが一番大きいですね。学校で英語を習うだけじゃなくて、実際にアメリカ人とかイギリス人と話してみたいという思いもあった。私が大きくなったのは1960年代の名古屋なんですが、外国人と話をする機会なんて全然なくて、でも使ってみたくて。名古屋に駐留しているアメリカ軍人の家にメイドに押し込んでくれないかって母に頼んだこともあったぐらい。

駒井 その時期にアメリカ留学って、うらやましいです、本当に。そしてアメリカの高校に入るわけですね。

土屋 そうです。日本からの留学生はアメリカ史とアメリカ文学は必修でした。

駒井 アメリカ文学やアメリカ史を勉強するっていうのは、実際の読書体験としてはどういうものでしたか？

土屋 もうね、大ショック。英語の読書体験としては。アメリカ文学の授業の宿題は例えば「明日までにマーク・トウェインの短編二つ読んできてね」。

駒井 すごく大変そうですね。

土屋 それはもう「ガーン」ですよ。一晩かかったって読めない。全然読めない。面白い話なんだけど脂汗かいて、辞書引いて。そのうちにもう辞書なんか引かなくなって、分かるところだけ。どうしても単語が分からないところだけ辞書引いて、後はもう読み飛ばす。そういう読み方をしないと学校の授業についていけない。それでアメリカ文学を一年間やりましたね。

駒井 その中で培われた読書体験っていうのは、日本語でアメリカ文学を読んでいるときとはまた全然違うものでしたか？

土屋 違うものですね。味わうっていうよりとにかく理解する。味わうという余裕はなくて。でも当時からマーク・トウェインはすごいと思いましたね。宿題で読んだにもかかわらず、すごいって高校生なりに分かった。

駒井 英語に現地で触れるっていうのは、その後の読書にすごく大きな実りをもたらしたんじゃないでしょうか？

土屋 そうですね。ショック療法でしたからね。

駒井 ショック療法でしたか（笑）。

土屋 でも英語の本を大量に読むっていうのは、そこで無理矢理慣れましたからね。

駒井 そのころって留学先では日本語の本はほとんどお読みにならなかったんですか？

土屋 ええ、全然。読みたいと思わなかったし、大体そんな暇がまったくなかったですね。

駒井 毎日、大変な宿題がでるわけですから、そんな余裕があるわけありませんね。

土屋 一年間とにかく勉強したんですよ。アメリカは異文化ですから、それまで日本の中しか知らなかった私には、何もかもがショックでした。何よりも驚いたのは、卒業アルバムなんですよ。卒業アルバムって日本では、顔写真に名前と何組、あと恩師の写真が載る。それと部活動の写真が載る。そんな感じなんだけど、アメリカの卒業アルバムっていうのはまず、学業が一番できた首席の人の写真が、バーンって載るんです。2番目に勉学ができた次席の写真も大きく載る。

駒井 なんかとても個性的というか、面白いですね。

土屋 3位から10位までの人も、その人のとった平均点とともに載る。そこまではまだわかる。

びっくりしたのはその続きのページ。「Most Beautiful and Most Handsome」っていうのが、大きく出てる。学校の一番美人と一番ハンサム。当時の私が行ってた学校は3割ぐらい黒人がいたので、白人で美男美女が一組、黒人の美男美女が一組。

駒井 はあ、本当ですか？　日本ではとても考えられない。

土屋 その他にも「Most Athletic」、運動に優れていた人。それはアメリカンフットボールとかバスケットボールの試合で活躍した子が男女とも選ばれていて。次に「Most Conscientious」。「Most Conscientious」っていうのは良心的っていう意味なんですけど、いい人だった人。

駒井 そういう選考基準があるんですね。本当に驚きです。

土屋 それから「Best Dressed」っていうページもあって、それは学校に毎日一番ちゃんとした服装で来た人。

駒井 なんかめちゃくちゃ面白いですね。

土屋 それから「Most Likely to Succeed」、一番成功しそうな人。これらは全部生徒の投票で選んでるんですね。

駒井 ふーん。それが高校の卒業アルバムとは。彼我の差に呆然としますね。

土屋 私が日本にいた時はやっぱり勉強が一番大事だと思っていたの。学生にとってほとんど唯一無二の尺度は成績だったわけですよね。アメリカの卒業アルバムを見たら、あらいいじゃない、首席と美人が同じ比重で扱われていたって。

駒井 はっはっは（笑）。すごいカルチャー・ショックではありますね。

土屋 そう思えるようになったことが、最大のパラダイムシフト。留学の成果。

大きなテーマとしての「アメリカ」

駒井 その後、日本にお戻りになってから、決定的な体験となった本などはおありですか？

土屋 『理念の共和国』っていうアメリカの地域研究の本があって、あれはすごかった。東京大学教養学部のアメリカ科で教授をしておられた本間長世先生がお書きになった本で。目を見開かれる思いがして、自分にとって一生大事な本。今も大事に持っています。

駒井 『理念の共和国』ってどんな内容なんですか？

土屋 すごく難しい本なんです。だけど、アメリカについて研究をするには絶対に押さえておかなければいけない基本がきちっと整理されている。

駒井 さきほどから伺っていると読書の中にずっと連続して、大きなテーマが流れている印象があるんですけれど、どうですか？

土屋 そうですね。結局はアメリカですね。英語の塾の体験から始まって、最後に行き着いたところはアメリカですね。

駒井 日常的にお読みになる本もアメリカの本が多いですか？

土屋 私はそんなに多読ではないのですが、芥川賞とか直木賞、あとは本屋大賞、そういう賞を取った本はなるべく読むようにしています。現代物は当たり外れは分からないです。読んでみるまではね。書店で目についたものとか、賞を取ったものの中から、自分が好きになれるものがあればとっても嬉しい。そういう感じの読み方です。

駒井 若い人たちはどうやって本を読む時間を作るか、そうしたヒントを土屋さんに聞きたいと思ってるんじゃないかな。

土屋 本を持って歩くことに尽きるんじゃないですか。私、持って歩いて、夜は寝るまで読んでいるし。

駒井 土屋さんは何事も徹底していますね。僕はそこまでできないなあ。

土屋 昼間は自分の座っている椅子の隣に読みかけの本がいつもある。スマホを見ていると目がだんだん痛くなるので。

駒井 たしかにそうなんですよね。私たちの年齢は（笑）。

土屋 本は癒やしですね。活字は。

駒井 今後これを読んでみたいという本ってありますか？

土屋 いっぱいありますね。この問いを一人で無人島に流れ着いたとしたら何を持っていたいかという話に発展させてみて、そうすると聖書のキング・ジェイムズ・ヴァージョンになりますね。私はクリスチャンじゃないんだけど、聖書が一番面白いです。

駒井 なんと聖書ですか。僕なんかには、ある意味一番遠い本ですが。

土屋 そのキング・ジェイムズ・ヴァージョンっていうのは英語としてすごく美しい文体なんですね。あとはセットで小学館の『ランダムハウス英和大辞典』かな。

駒井 はっはっは（笑）、英和辞書もですか。いいお話ですね。聖書っていうのはちょっと意外でしたけど。

土屋 宗教に関係なく、英米文学をやるものとして聖書は外せないです。

駒井 やっぱりそうなんですね。

土屋 はい。『ナルニア国物語』なんか聖書がすごく基本になっているし。

駒井 ああ、だからですね。もっとお話を伺っていたいんですが、このへんで「私が本からもらったもの」を簡潔にまとめていただくと、何になりますか？

土屋　本からもらったものは、辞書からもらったものに私の場合は言い換えちゃうんですけれど。辞書を読む楽しみっていう、それが昂じた先に翻訳という仕事があったと思います。こういう英文を自分だったらどう訳すだろうとか、この作家が日本語で書いたとしたらどう書いただろう。そういうことを考える楽しみを私に最初に与えてくれたのが英文和訳の辞書だった。

駒井　なるほど説得力があります。今日は本当にありがとうございました。

土屋　ありがとうございました。

読書案内

＊シャーロット・ブロンテ『ジェイン・エア』（小尾芙佐訳、光文社古典新訳文庫）
＊『完訳　千一夜物語』（豊島与志雄・佐藤正彰・渡辺一夫・岡部正孝訳、岩波文庫）
＊夏目漱石『こころ』（新潮文庫）
＊吉野源三郎『君たちはどう生きるか』（岩波文庫）
＊北杜夫「どくとるマンボウ」シリーズ（新潮文庫）
＊井上ひさし『モッキンポット師の後始末』（講談社文庫）
＊本間長世『理念の共和国』（中央公論新社）
＊C・S・ルイス『ナルニア国物語』（土屋京子訳、光文社古典新訳文庫）

＊

第6夜

高遠弘美

フランス文学

（たかとお ひろみ）1952年3月、長野県生まれ。現在明治大学商学部・大学院教養デザイン研究科教授。著書に『物語　パリの歴史』（講談社新書）『七世竹本住大夫』（講談社）『乳いろの花の庭から』（ふらんす堂）他、翻訳に『珍説愚説辞典』（国書刊行会）ロミ『完全版　突飛なるものの歴史』（平凡社）レアージュ『完訳 Oの物語』（学習研究社）プルースト『失われた時を求めて』（光文社古典新訳文庫、全14巻予定。個人全訳中）、最新刊にF・ピション『プルーストへの扉』（白水社）があるほか著作多数を数える。

少数の本を何度も何度も読む

駒井 こんにちは、駒井です。本日はフランス文学がご専門の高遠弘美さんにお越しいただきました。高遠さんはたいへんな読書家ですから、若い方にもたくさんヒントになるようなお話をしていただけると思います。高遠さんと話していると、膨大な日本文学の読書量があるということに、いつも私は驚いてまいりましたので。本日はよろしくお願いします。

高遠 こちらこそよろしくお願いします。

駒井 さっそくですけども、「私が本からもらったもの」というとどういったものになりますか。本との出会いから語っていただきたいと思いまして。人生最初のいわゆる愛読書、この本への思い入れがいちばん強いということからお話ししていただきたいと思うのですが。

高遠 育った環境のせいかもしれませんが、愛読書というのは何冊もあるわけではなくて。とにか

く貧しい家だったものですからあまり本を買うということができなくて、少数の本を何度も何度も読む、そんな生活をしていました。10歳の時に父を亡くし、17歳の夏に母が死にました。記憶で語るしかないんですが、生涯最初の愛読書として言えるのは、アグネス・ザッパーの『愛の一家』という本でしょうか。これは繰り返し読みました。

駒井 ザッパーというのはどこの作家なんでしょうか？

高遠 ドイツじゃないでしょうか。調べていないので分かりませんが。とにかくみんなで星を見に行ったりするんですね。そのシーンがとても印象的で、それ以外にも記憶に残るところがある小説でした。それから小学校3年くらいだったか、芥川龍之介の本を2冊買いまして、これも繰り返し読みました。とくに「河童」という話が好きで、繰り返し読みました。あとは「少年探偵団シリーズ」、江戸川乱歩ですね。それを小学校3年から読んでいた。それから詩人のサトウハチロー。彼の詩集に『おかあさん』というのがありまして、それも読みました。小学校4年の時に東京から伯母が来まして、小遣いをあげようということで、500円くれました。当時の500円というのはかなり大きな額で、家を出て一目散で本屋さんに行って、これくださいと言ったのが、『ギリシャ・ローマ神話集』。最後にオーディンなんかの北欧神話もついている分厚い本。西欧についての憧れは、そこで植え付けられたような気がしています。それから、これもたぶんみなさん読んでいると思いますが、シャーロック・ホームズ。

駒井 少年時代に必ず読みますよね。

高遠 『まだらの紐』なんか今でもすごいと思う。それから『クオレ』ですね。

駒井 『クオレ』はあの時代、すごく読まれていましたね。

高遠 読まれていました。それから『トム・ソーヤーの冒険』『ハックルベリー・フィンの冒険』などは小学校4年生ぐらいからでしょうか。それからジュール・ヴェルヌの『海底二万哩』。これも好きで読みましたね。もう二つ名前を挙げておきたいんですが、一つは夏目漱石の『吾輩は猫である』。ちょうど父が10歳、小5の時に死にましたので、その死ぬ前、父が千葉の病院に入院していて、病院へ見舞いに行った帰りに上野駅で買いました。

駒井 それで克明に覚えているわけですね。

高遠 ええ。『吾輩は猫である』というタイトルが、小学校4年生でも面白いと思ったんでしょうね。本を読むことが好きだったので、漢字もいろいろ読めたと思います。ふりがながついていたかもしれません。それを買って5時間ぐらい汽車の中でずーっと読んでいたという記憶がありまして、それ以来漱石が好きになりました。

駒井 それが漱石との出会いで、好きになったわけですね。

高遠　きっかけでしたね。こういうことを言ってはなんですが、漱石はあまり後期のものは好きではなくて。『明暗』とかですね。最後まで読んでいないんです。やっぱり『吾輩は猫である』『三四郎』『坊っちゃん』、あとは『草枕』『夢十夜』等々でしょうか。

駒井　そうですか。

高遠　それからもう一つ、下村湖人という人がいて『次郎物語』という本があったんです。

駒井　ああ、ありました。懐かしいです。

高遠　これは、新潮文庫で全5冊。小学生の時に読んだなかでは、たぶん一番長い本だったと思うんですよね。この『次郎物語』はかなり道徳的というか、そんな説教臭さがあるんですけれど、好きでした。次郎少年と自分が重なったりもして、いいなと思っていました。

駒井　ちょっと屈折した感じがあるんですよね。僕もこの本は愛読書でした、小学生の頃の。あの頃はずいぶん読まれていたんじゃないですか。

高遠　読まれていましたね。

駒井　最近あんまり話題にのぼることが少なくなってきましたけど、児童文学として広く読まれていましたよね。

高遠　読まれていたと思います。いまだに覚えている箇所があって。曲がった松が生えているのを主人公たちが見ていて、そのとき老人が諭し教えるんです。あれは曲がっているように見えるけれども、松自身はまっすぐ生きているつもりなんだと。

駒井 そんな場面がありましたか。

高遠 ありました。小さいながらに感動しました。

駒井 僕も読んではいましたが、ほとんど内容覚えていないです。そういう非常に印象的なシーンがあるんですね。読み直したくなりました。

高遠 たくさん本を読んでいましたのは、私、産まれる時に予定日より早く生まれたんですね。育つかどうか親が非常に心配したそうなんです。体が小さくて、運動が苦手で。あとはもう一つ、吃音だったこと。吃音ですからあまり人と話をすることがなくて、自分で一人本を読むという習慣ができました。吃音というのは本を読んでいるときに、あっこれは違う言い方があるんだという発見をしていくわけです。

駒井 表現の違いということにでしょうか。言葉の違いにですね。

高遠 言葉の違いがあるとそれをストックする。子どものころから言葉の語彙がひろがったと思いますが、それは、そんな理由だと思いますね。

駒井 なるほど。その後はどういうかたちで読書をされていたんですか？

高遠　友だちと本の話をしたことはなかったですね。いまだに私はほとんど読書会というのをしたことがないんですよ。

駒井　ああ、そうなんですか。

高遠　本は一人で読むものというくせが昔からついておりまして。本との出会いということで言えば書店ですよね。近所の書店に通っていましたけど、お金はないわけです。行って書棚を眺めては適当に本を手に取って、ちょっと開いては最初のところを読んだり、途中を読んだりして、面白い本を探していった。長野県の上田市というところなんですが、通っている小学校や中学校の近くに市立図書館があった。学校の帰りにしょっちゅう行っていたんです。書庫にあるやつを片っ端から、最初は子ども向けを読んでいるんですけど、次第に大人の世界に入っていきまして。

駒井　それは、どういう本を？

高遠　たとえば、これは文学ではありませんが、西洋の名画集ですね。開くとアングルの絵とかがあるわけですよね。それは中学生には刺激的すぎるんですけど好きでした。子どもには禁じられた本だったかもしれませんが、言ってみれば『罰せられざる悪徳・読書』というヴァレリー・ラルボーのようなものだったでしょうか。

駒井　書店にもよく行かれていましたか？

高遠　本屋には通いました。中程度の大きさの本屋、あと小さなお店もありました。目星をつけて、さっきの『ギリシャ・ローマ神話』を買ったり。

駒井　小学生でギリシャ・ローマ神話というのは、かなり早い感じがします。

高遠　早いかもしれませんね。

駒井　やっぱりそういう本に対するアンテナが、立っていたって言うことなんでしょうけど。

高遠　本がきれいだったということもあります。

駒井　なるほど。装丁が見事だったのですね。

高遠　豪華本に近い。かなり大きいし、たしか函入りで。あこがれが増しました。もらった５００円を握りしめて、それください っ！って（笑）。

駒井　それを抱えて家に帰るときは心が沸きたつような感じで。

高遠　昂揚していましたね。買って帰ると母親はうれしそうに、にこにこしていました。

駒井　いいお話ですね、それは。

高遠　本の世界に入ったきっかけの一つは、多分、母親ではないかと思うんです。

駒井　そうなんですね。

高遠　中学校の時に何を読んだらいいか聞いたら、源氏だよって。中学生ですよ。

駒井　それはすごいアドバイスですね。

高遠　源氏物語と言っても、与謝野晶子の訳で読めと言われたんですよ。

駒井　選んだのが与謝野源氏というのも素晴らしいですね。

高遠　まあ、それで早速読みました。ちょうど母は九州の出身なんですが、零落した旧家の生まれなので、小さい頃にずっと百人一首で遊んでいたらしいんですよ。だからたとえば、「ひさかたの光のどけき春の日にしづ心なく花の散るらむ」という紀友則の歌があるでしょう。小学校の時に、私はもう暗記していたんです。

駒井　小学生の時にですか。

高遠　それから百人一首の中にはきまり字というのがあって、たとえば「むすめふさほせ」っていうのがあるんですね。最初「む」で始まっているのはこれしかない。つまり、「むらさめの」しかないんです。「せ」だったら「瀬をはやみ岩にせかるる滝川のわれても末にあはむとぞ思ふ」しかないんですよ。ということは、上の句と下の句で「せ」と聞こえたら、これって目を付けとけば、パンっと取れるわけです。

駒井　はい。

高遠　それを母親に教わったんです。そんなことなかなか教える母親っていませんよね。仕事しながらですからね。父親の居ない家庭で生活を支えながらも、そんなことを教える。母はよほど本が好きだったんでしょうね。それでもう少し亡くなった母親の話をしますと、ちょうど死んだのが高3の夏なんですが、高1の頃から母は宝生流の謡を習っていたんです。「杜若《かきつばた》」「俊寛」とか、「紅葉狩」「砧」「景清」「卒塔婆小町」なんていうのは、何となく節回しと共に記憶に残っています。母が使っていた小鼓があるんですが、それは私の手元に今もあります。

駒井　今もお持ちなんですね。

高遠　ええ、持っています。そんなにたくさん本を買える家庭ではなかったのですが、母の蔵書の中には、たとえばゾラの『ナナ』とか、スウヴェストル『屋根裏の哲人』も。それから泉鏡花の全集の端本とか。それから当時ベストセラーだった原田康子の『挽歌』とか、宇野千代の『おはん』などもありました。そういう本を私も読んでいましたね。ですから外国文学はゾラとスヴェストルというのを考えてみても、かなりフランス文学が好きだったのかもしれません。

駒井　その時期に『ナナ』という本が存在するということを知っただけでもすごいと思いますね。

高遠　そうでしょうか。

駒井　思春期を迎えて、それまでに読んでいた子どもの本から少し背伸びする読書って、実はとても大切だと思うんですね。

高遠　たしかにそうですね。与謝野源氏もそうですが、あとは『宇治拾遺物語』。たぶん芥川龍之介からの影響だと思いますけど、その原典を読んでみたいということから読み始めて面白かったり。それから三島由紀夫の『潮騒』『仮面の告白』とか。あとは吉川英治が好きで、『三国志』とか『宮本武蔵』を読んでいました。たとえば『三国志』の劉備玄徳なんかわくわくしていました。

駒井　今はフランス文学者としてお仕事をなさっていますが、中学高校生ぐらいの時の読書が吉川英治というのは、少し意外だと思う方もいると思うんですが。

高遠　自然でしたね。なんで読んだのだろう、たぶんそうとう厚い本だったので、それに挑戦しようという気があったのかもしれません。一回開いたら、面白いですよね。ずっと読んでしまう。

駒井　確かにそういう小説ですね。

高遠　同じように江戸川乱歩でも少年探偵団じゃなくて『パノラマ島綺譚』や『孤島の鬼』とか、その種の幻想小説が好きになりまして。ただこれは、それを読んでいるのを親に見られるとこれはまずいという意識があって。

駒井 それはまたどうしてですか。

高遠 ちょっと挿絵も、色っぽかったりしますよね。中学生としては、これは親には内緒で読まなければならないと思って読んでいました。

駒井 大切なことですね。親に見られないようにして、本を読むっていう体験。

高遠 ええ、それで『千夜一夜物語』、最終的には仏訳で読むんですけれどもそこに至る前、子どもの頃には、有名なバートン版で読んだんです。大場正史さん翻訳なんですが、挿絵がまたかなりどぎつい。中学生には少し毒だったかもしれませんが、それだけに面白かったですね。それからトルストイの『戦争と平和』を中学生の頃に読んだんです。そのきっかけは『戦争と平和』の映画でした。

駒井 映画ですか。

高遠 ロシア映画なんですが、女優さんがリュドミラ・サベーリエワという方なんです。ものすごくきれいな方で、中3ぐらいの私はあこがれまして。ちょうど世界文学全集に映画の写真が入っていたんです。

駒井 中学生には魅力的ですね。

高遠　帯のところに。それが欲しくって、買ってそれで読み始めました。

駒井　動機はそうだったのですね。ただ『戦争と平和』は長いですから。

高遠　長いですね。でも、面白かったですね。

駒井　実は僕はまだ、完読できていないんですけど。10代でもうすでにお読みになっていたわけですね。すごいなあ。

高遠　ただ一方で、すごくバカなところもありました。親戚が自分で作ったカメラを持っていて、そのカメラを私にくれたんです。それで、そうだ映画館に行って写真を撮ろうと思って。幸いなことにフラッシュがついてなかったからいいんですけど。万が一フラッシュたいたら大変な事になりますよね。映画の画面が見えなくなっちゃう。幸いにしてそれがなくて、だけど性能はなかなかよくて、大きな画面のリュドミラ・サベーリエワがちゃんと写ったんですよ。この写真は大事にしていました。ですから『戦争と平和』というと3巻のボリューム、それからリュドミラ・サベーリエワの美貌というのがやはり忘れられないですね。邪道な読み方ですけれども。

駒井　話は戻りますが、バートン版で『千夜一夜物語』をお読みになっていたというのも、これもなかなかないことですね。全部読むというのは大変なことですから。

高遠 確か自分で買うということはできなかったもんですから、市立図書館で借りたりしていました。

駒井 早い時期から広がりのある読書をなさっていたのですね。

高遠 そうですね。実は中村真一郎が好きなんですけれども。好きになる最初のきっかけは、『潮騒』の解説だったと思うんです。それで中村真一郎という名前が大きな名前となって、私の中に残っていて。

駒井 それが現在のフランス文学というご専門につながっている?

高遠 後付ですけれど、つながりを感じることはできますよね。あとは高校生のときにアレクサンドル・デュマ・ペールの『モンテ・クリスト伯』全7巻を読みまして。

駒井 これも長いですよね。

高遠 夢中になりましたね。

駒井 これは私も全巻読んでいます。面白くてしょうがないですよね。

高遠 最高に面白いですね。あとは全11巻の『ダルタニャン物語』というのがあって。最初は「三銃士」「鉄仮面」と続いていくんですが、あれもやっぱり長いけど読めますね。

駒井 高校生ぐらいの時に、どういう時間に長いものを読んでいらっしゃったのですか。

高遠　電車の通学がまずありますよね。それから学校に行ってつまらない授業の時に。僕は新聞部にいたんです。そのクラブだけ部室が、特別にあって、そこに入ると誰からも分からない。

駒井　格好の隠れ家だったんですね。

高遠　そこによく籠もっていました。3階建ての校舎の上に小さな天文台がついていたんですが、そこにいる奴はだいたい煙草を吸うのが好きだった。外から見ると、天文台の上から煙が出ている。噂になって捕まっちゃったんです。私の方は喫煙はしなかったんで、ただ本を読むためだけに新聞部の部室にいました。

駒井　面白いお話です。

高遠　部活のあとは家に帰ってきて、やっぱり寝るまで読んでいましたね。

駒井　じゃあもうほとんど一日中読書を。

高遠　読書に明け暮れた。

駒井　没頭した、という感じ。

高遠　そういう時期がたしかにあったと思いますね。

駒井　日本の近代文学を含めて、世界文学の傑作を読み始めた時期ということですよね。

高遠　はい。

駒井 たとえば、どういう作品を読まれていましたか？

高遠 スタンダールの『赤と黒』、それからドストエフスキーの『罪と罰』もその時期ですね。

駒井 ここでもう『罪と罰』をお読みになっているんですね。

高遠 それで大学に入ってから、ドストエフスキーの5大長編をとにかく読まなければいけないと思いまして、『カラマーゾフの兄弟』全5巻を読んでから、『悪霊』『白痴』に行って、最後『未成年』に行きました。私は『白痴』に圧倒的な感動を覚えたんです。

駒井 そうなんですか。『白痴』はどういうところが心に響きましたか？

高遠 主人公のムイシュキンが、類い稀なる繊細さと純粋さを持っていますよね。大学生の頃って、そういうものに憧れがあるんですよね。

駒井 確かにそうですよね。

高遠 そういう人格、そういう世界観、それでしかもドストエフスキーですから人物の造形が非常に力強くて。細かな性格のひだも描きますよね。そういうあたりに、やっぱり圧倒されました。

駒井 なるほど。

高遠 当時はそれと同時に、日本文学では芥川からさかのぼって堀辰雄、それから谷崎潤一郎、佐藤春夫、中島敦、そして原民喜などという小説家が好きでした。

駒井 原民喜もお読みになったんですね。

高遠 はい、読みました。たとえば『夢と人生』という作品がありまして、最初の引用がネルヴァルから始まる。これがとてもすばらしくて。もちろん「夏の花」は傑作だと思いますが、それ以外のものもいいですよね。それから『ガリバー旅行記』の翻案のようなものもあります し。

駒井 あれはなかなか面白いですね。お勧めです。

高遠 はい、面白いと思います。

高遠 それから先ほど申しあげましたように、高校3年の7月に母が急死したものですから、ショックが大きかったんです。その数日後にふらふら本屋に入って、それで買ってしまった本があって、それが椎名麟三の『懲役人の告発』。

駒井 なんとも印象的なタイトルですね。

高遠 たぶんこれはタイトルに惹かれたんだと思います。母親が死んで、その死が私の原因だったということではないんですけど、母に何かすごく悪いことをしたような気がして。タイトルに惹かれて読みました。それから、谷崎源氏にも手をのばして。あと、徒然草とか新古今和歌集とか日本の古典へも手をのばして。

駒井 原文でですか？

高遠 はい、原文で。たまたま国語だけは成績がよかったんですね。古文も現代文も。

駒井 今日お話を伺っていると、やっぱり日本語というものをきちんと身につけないと、いい翻訳はなかなかできない。

高遠 そうですね。

駒井 だから、こういうところに原点があったんだなと。プルーストと『徒然草』はすごく距離があるように思う人も多いかもしれませんけども、やっぱり日本の古典が大きなバックボーンになっていたわけですね。

高遠 それとあとはいろいろな方々に教えていただいた。先生方に恩もありますよね。たとえば、大学に入ったときに週4時間フランス語の授業があったんです。週4時間あるってことは文法がだいたい前期で終わっちゃう。そうすると後期になると、先生はもう教科書が終わっていますから、先生ご自身でプリントを作ってきてくださるんですね。それがたまたまボードレールだったりするわけです。大学1年の10月くらいにはもうボードレールに接しているわけです。しかもなおかつ、私はそれを覚えてしまったりするわけ。

駒井　暗記しているわけですか。

高遠　していました。ちょうど大学1年の秋ごろなんですが、フランス語の文法の先生が、何かの話の時に「プルーストという小説家がいてその作品のなかに『花咲く乙女たちのかげに』というタイトルの小説があるんだけど、その原語を知っている人はまさかいないよね」とおっしゃったんです。偶然、私はそれを知っていたんですよ。

駒井　すでにご存知だったのですか。

高遠　文法の参考書か何かを読んでいるときに、たまたま例としてあったんでしょうね。それが頭に入っていたので知っていますって言ったら、先生びっくりされて。

駒井　そりゃあびっくりしますよね。

高遠　それがプルーストだということで、いまにつながる縁を何か感じますね。

カミュの言葉が響いてきた

駒井　今『失われた時を求めて』を翻訳されていますからね。ところでお話を伺っていると、思春期の段階で日本語の基礎がすでにできていたという印象がありますが。

高遠　それはあると思います。大学では3年生から専攻別の学科に分かれるんですね。専攻に進む前に、英文科に行こうか国文科に行こうか、仏文科に行こうか迷いました。高校の時の校長先生がとても親切な先生だったので、長い手紙を書いて先生どうしたらいいでしょうか、と相談申しあげたんです。そうしたら、「君が仏文科に行きたい気持はよく分かる。ただ、仏文科に行ったら、君は親もいないし財もないから、生活ができないだろう。したがって私としては君は国文科か英文科、特に英文科に進むことを勧めたい」という丁寧なお便りを頂戴したんです。そのお便りをもらったときに、私は仏文に進もうと思ったんですね。

駒井 英文科を勧められたのにですか。それはなぜでしょうか?

高遠 校長先生は世間知の代表のように思われたので、そのような方がそういうことをおっしゃるのであれば、誰に聞いてもそういうふうに言うだろうと。そうであるならば、自分が好きなことだけしたいと、すればいいんだと思って。親もどうせいないし。

駒井 なるほど。でもその前から、やはりフランス文学に対して深い興味を持たれていたと思うんですが。

高遠 フランス語がぴったりきたんでしょうね。明晰であろうとする。その明快であろうとするということと発音の響きがすばらしくて。自分で発声できるかどうかは別として、フランス語の響きはすばらしい。それから、フランス語の文学というのは実に思考が深いなと。論理的でありながら、かつ感覚的でもあり、新鮮でみずみずしい。たとえばカミュなんかがそうなのですけれど。たとえば大学2年の時に、授業で先生がカミュの「客」という短篇をテキストにしてくださったんです。『追放と王国』という短篇集の中に入っていて。その最初の出だしがあまりにも衝撃的だったんですよ。私それ、いまだに言えますよ。

駒井 短編の冒頭部分をですか。

高遠 暗記することができるぐらいに覚えていて。いいなと思って。早稲田にはけっこう古本屋さんも多いもんですから、帰りにいろいろ覗きました。古い本で、カミュの『裏と表』の原書があったんです。エッセイ集。これを買って、辞書と首っぴきになりながら一冊全部読みました。もう感動しました。

駒井 たしかに早稲田の近くの古本屋さんってすごいんですよね。いい本が揃っていて。それにしてもそういう原書がすぐ手に入ったというのは驚きですね。

高遠 偶然だと思うんですけどね。それを自分で読んでいるときに、言葉がとにかくビンビン響いてくるわけです。

駒井 それは衝撃的な体験ですね。

高遠 カミュのその言葉が。たとえば「生きることへの絶望なくして生きることへの愛はない」。これがフランス語で書かれていると、初級のフランス語しか知らない人間でも分かるわけですよね。それでますますカミュに深く入っていく。『異邦人』をまず全部読もうと思ってフランス語で読んだんです。ちょうど大学2年生の時には、辞書がパンパンに膨れました。

駒井 それは辞書を引きすぎて、紙が膨らんでくるわけですか?

高遠 はい。それから大学4年生の時の授業に、ジャン・ジャック・ルソーが専門の小林善彦さんという東大の先生がいらっしゃった。18世紀の文学史の授業をなさっていたんです。それで最初に小林先生がおっしゃったのは、「東大だと紹介した本は必ず次の週までに読むのだが、早稲田では無理だろうな」と。そういうことに私は敏感に反応するたちなので、「じゃあ読んでやろう」と思って。それで毎週毎週、先生が紹介する本を必ず読んで、毎回ちゃんと報告に行きました。そこでルソーの『孤独な散歩者の夢想』も読んだし、『マノン・レスコー』も読んだし。ちょうど一週間で読むわけですよ。

駒井 結果としてすごい刺激になったわけですね。

高遠 ですから18世紀に比較的詳しいのは、そういうせいで。フランス語の原文で読んでいますから、それもその強制的にといいますか。

駒井 その段階ですべて原書でお読みになったわけですね。

高遠　大学4年生の時ですね。今ならたとえば『マノン・レスコー』は野崎歓さんの新訳で最初から読むと思うんですけど、当時はそれもなかった。たとえばディドロの『ラモーの甥』という小説もありますが、あれもやっぱり原文で読みました。

駒井　原文で読むと読書の体験として全然違う感じはありましたか。

高遠　最後まで読み終わって自分の中に入ってくる経験というのは、たとえば日本語の古典の読書経験とくらべても、そんなには変わらないんです。ジャンルや時代が違い、国も違って言葉も違うんですが、入ってきて出来上がる経験というのは、そんなに変わらない。

駒井　フランス文学対日本の古典文学という対立する経験では全くなくて、すんなりと二つ同時に存在するものだと考えていいものなんですね。

江戸の随筆

高遠　いいと思います。そのように私に読ませてくれたものの一つは、江戸の随筆ですね。江戸の随筆は全然境目がなくて、いろんなことについて語るわけです。たとえば「怪魚」、変わった魚について語ってみたり、貴重なきれいな石について語ったり。それをいろんな言葉でもって作っていく。いちばん好きなのは横井也有の『鶉衣《うずらごろも》』。

駒井　ごめんなさい、全然知らないんですが、それは江戸時代の随筆ですよね？　私たちが読もうとしても読めるものなんですか。

高遠　読めます。

駒井　そうですか。それはたとえばどこで読めるんですか。

高遠　岩波文庫に入っていますよ。絶版になっていなければ買うことができます。つまり、明治に近いんですよ。

駒井　なんとか読めるのですね。

高遠　『鶉衣』の中に「擂鉢《すりばち》伝」という話があるんですよ。それは擂鉢の話なんですね。「備前のくににひとりの少女あり。あまさかるひなの生まれながら、姿は名高き富士の俤《おもかげ》にかよひて」と始まるんですが、要するに擂鉢ですから、逆さにすると富士山の格好ですよね。しかも、備前というのは擂鉢の産地でもあるんです。そこに生まれた少女という設定なんですが、都に出て行って宮仕えをするんですけど、いじめられたりして最後は悲しい結末になるんですね。つまらない私小説を読むよりは「擂鉢伝」を読んだ方がよほど面白いと昔から言い続けているんです。

駒井　面白そうですね。読んでみたいです。ところで話は変わりますが、プルーストなんかでも、翻訳って最終的には日本語の問題じゃないですか。

高遠 そう思います。

駒井 その日本語をどのように日本の小説やエッセイを読んで身につけていったかというのは、実は翻訳する方にとって大きな体験だったと思うんですね。なかなか江戸の随筆まで読んでいらっしゃる方はいないと思いますが（笑）。そういう体験を踏まえて若い人にどんなふうに本を読んでいったらいいかというアドバイスをいただけないでしょうか。

読書は苦行ではない

高遠 皆さんの心に響くかどうかはわからないんですが、一つは無理をしないことですね。つまり読書は苦行ではない、楽しみであるということ。そして喜びであるということ。だから、今読めなくても読めるかもしれないと思うこと。図書館に行きますといっぱいいろんな本がありますね。

駒井 圧倒されますよね。

高遠 ショーロホフとか、いろんなロシア文学もあったりする。そのときにこれを読まなきゃいけないと義務のように思わないで、今読めないかもしれないけどいつか読めるかもしれない、というぐらいに思えばいい。本に出会うべき時期があると思うんですよ。たとえば、私は文楽がとても好きなんですけど。住大夫師匠を人生の師と仰いでいるくらいです。

駒井 本もお書きになっていますよね。

高遠 住大夫師匠に出会ったのが、40代の後半。本当なら30代で知っていたら、もっといろんな住大夫師匠の世界を知ることができたんですけど、それはしょうがないことですね。しかも、50歳に差し掛かる頃だったからこそ、初めて住大夫師匠のすばらしさが分かったのかもしれませんし。やっぱり知るべき時、出会うべき時があるということを知ることでしょうか。それから、日本の古典はできるかぎり読んだ方がいいと思います。

駒井 先ほどの話につながりますね。

高遠 ええ、なるべくだったら近世のものから読むと非常に読みやすいと思いますね。

駒井 それは、江戸の随筆も入りますか。

高遠 はい、もちろんです。

駒井 近世ってどの辺からを考えればよろしいでしょうか。

高遠 たとえば『雨月物語』でもいいですし、『春雨物語』でもいいですし、ああいうものから入っていくと言葉がとにかく見事ですし、内容よりも言葉がまず響いてくる。言葉の響きに対して敏感になっていくということでしょうか。

駒井 僕も『雨月物語』が好きで読んでいるんですが、現代語訳で読んでいるんです。あれは原文でも読めるものですか？

高遠 読めます。もちろん『新釈雨月物語』という名著を石川淳は書いております。それはもちろんすばらしいんですけど、でもやっぱり原文はいいですね。上田秋成は見事だと思います。それから井原西鶴なんかも面白いですよ。「桜もちるに歎き、月はかぎりありて入佐山。爰《ここ》に但馬の国かねほる里の辺に、浮世の事を外になして、色道ふたつに寐ても覚めても」、これは西鶴の『好色一代男』の最初なんですね。

駒井 なんと暗記なさっているわけですか。

高遠 はい。それからたとえば、柳沢淇園《やなぎさわきえん》という人がいるんですが。柳里恭《りゅうりきょう》とも言うんですが、『ひとりね』とか、上島鬼貫《うえじまおにつら》の『独ごと』とか、そういうあたりが面白いですね。たとえば「柳は、花よりもなほ風情に花あり」とか、きれいですよね。

駒井 驚きました。出だしをほとんど暗記なさっているんですね。

高遠 暗記しているものもありますね。

駒井 ということは、繰り返し繰り返し、お読みになったということですね。

高遠　はい。

駒井　日本語の力を作るときに繰り返し読むのは、やっぱりすごく大きな力、助けになると。

高遠　そう思いますね。あとは翻訳者をめざす方であれば、好きなものは暗記するといいと思うんですね。日本語でも英語でも、フランス語でも、なんでもいいんですけども。好きなものを暗記するっていうのは、言葉に対する敏感さが増す方策だと思います。本当は百人一首を子どもに覚えさせるのは、とてもいいと思うんですよね。

駒井　なるほど、そういうことなんですね。

いい導き手を得る

高遠　はい。それからあとは、いい導き手を得ること。

駒井　どういう導き手が必要でしょう？

高遠　やっぱり自分が信頼する、この人の書いているものは面白いなと思ったりしたら、その方が薦めている本がいいなと思ったら、それに従ってみる。たとえば加藤周一に『言葉と人間』というすばらしい本があって、一方では『日本文学史序説』という大傑作もありますね。たとえば、一休宗純に『狂雲集』という本があるじゃないですか。

駒井 いえ、知りません。

高遠 一休さんの一休です。狂った雲の集で『狂雲集』というのがあるんです。

駒井 不勉強で申し訳ありません。

高遠 「秋風一夜一千年」という言葉もあるんですが、それを紹介していたのが加藤周一で。短文ですけど、すばらしい文章ですよね。それから『狂雲集』を探して3冊も買いました。

駒井 3冊もですか。

高遠 そのように自分に対して促してくれる力を持つような、そういう書評集とか、エッセイ集を読むということ。それは自分の世界を拡げてくれる。ちなみに私が非常に影響を受けた本を挙げると石川淳の『文林通言』。あとは吉田健一の『書架記』。これでエリオット・ポオルを知ったんですね。福永武彦の『異邦の薫り』という翻訳詩集の紹介本がありまして、それで『車塵集』というすばらしい佐藤春夫の訳詩集を知りました。その中にこういうのがあるんです。「觀君莫惜金縷衣」というのを「綾にしき何をか惜しむ」。「觀君須惜少年時」というところを「綾にしき何をか惜しむ」の続きで「惜しめただ君若き日を」という風に佐藤春夫は翻訳するわけですね。その調子がとてもよくて、『車塵集』は私の愛読書の一つなんです。

駒井 そうなんですね。

高遠　内容よりも言葉の響きとか、言葉の遣われ方、それに私はむしろ惹かれていたのかもしれません。

駒井　若い世代に対するとてもよいアドバイスになりますね。そうしていくと自分の読むべき本、あるいは興味のある本がどんどんひろがっていく。

高遠　それからあとは丸谷才一の『雁のたより』ですね。これは文芸時評を集めた本なんですが、これもすばらしくて。そこで天野忠の詩集を知った。とてもすばらしい導き手がいて、それによって私たちも世界がひろがっていく。

駒井　たいへんすばらしいアドバイスだと思います。もっとお話を伺いたいんですけど、最後に「私が本からもらったもの」、これに高遠さんならどのようにお答えになりますか?

高遠　ひと言で言えば、生きる喜び。そして、この世にある奇跡のような偶然を言葉の世界を通じていっそう深く強烈に感じる喜び。そういうところでしょうか。

駒井　なるほど。読書というものの本質を言い表しているような気がいたします。今日はありがとうございました。

高遠　お粗末さまでした。ありがとうございました。

読書案内

*アグネス・ザッパー『愛の一家』（遠山明子訳、福音館書店）
*サトウハチロー『詩集　おかあさん』（講談社文庫）
*夏目漱石『吾輩は猫である』（新潮文庫）
*下村湖人『次郎物語』（新潮文庫）
*ヴァレリー・ラルボー『罰せられざる悪徳・読書』（岩崎力訳、みすず書房）
*紫式部『源氏物語』（与謝野晶子訳、角川文庫）
*『宇治拾遺物語』（角川ソフィア文庫）
*『バートン版　千夜一夜物語』（大場正史訳、ちくま文庫）
*アレクサンドル・デュマ『モンテ・クリスト伯』（山内義雄訳、岩波文庫）
*フョードル・ドストエフスキー『白痴』（亀山郁夫訳、光文社古典新訳文庫）
*横井也有『鶉衣』（岩波文庫）
*一休宗純『狂雲集』（中公クラシックス）
*吉田健一『書架記』（中公文庫）
*丸谷才一『雁のたより』（朝日文庫）

＊

第7夜

酒寄進一

ドイツ文学

（さかより しんいち）1958年生まれ。ドイツ文学翻訳家。和光大学教授。2021年、コルドンの〈ベルリン〉3部作で日本子どもの本研究会第5回作品賞特別賞受賞。主な訳書にヘッセ『デーミアン』、ヴェデキント『春のめざめ ― 子どもたちの悲劇』、ブレヒト『アルトゥロ・ウイの興隆／コーカサスの白墨の輪』、シーラッハ『犯罪』『罪悪』『刑罰』『コリーニ事件』、ザルテン『バンビ 森に生きる』、フィツェック『乗客ナンバー23の消失』、ゼーターラー『キオスク』ほか多数。

『小公子』『小公女』と『三国志』

駒井　こんにちは、駒井稔です。本日はドイツ文学者の酒寄進一さんをお招きしました。たいへんたくさんの翻訳をなさっていて、今日はその翻訳も含めて本の魅力、どのように本を読んできたかということも、いろいろうかがっていきたいと思います。酒寄さん、今日はよろしくお願いいします。

酒寄　よろしくお願いいします。

駒井　これは皆さんにお伺いしているんですけど、ご自分で記憶にある最初の愛読書は何でしょうか。それはだいたい幾つぐらいのときで、その本は今もお持ちですか？

酒寄　いちばん最初に読んだのは『小公子』『小公女』ですね。学研の少年少女世界文学全集でしたか、あれをうちの親が全巻揃えてくれて。神話もそれで読んでその世界にどっぷり浸かっ

た覚えがあります。『小公子』『小公女』はたぶん第1回の配本だったんじゃないかな。その本は残念ながら今はないんです。引っ越しをしたときに本の入った箱がトラックから落ちたらしくて。だから僕は小学校のアルバムも持っていないんですよ。文学全集もそのときなくなっちゃったんです。愛読書ということではっきり言えて、しかも今も持っているのは実は吉川英治の『三国志』。あれはハードカバーの全集があったんですが、うちの父がとにかく「この本は面白いぞ」って言って買ってくれた本なんです。うちの父も読書家でね。母は全然駄目でした。2ページ読むと寝ている（笑）。父は本当に多読の人でした。父の実家は農家だったので大学に進ませてもらえなくて、隠れて本を読んで自分の部屋の天井に隠しておいたらしいんですね。そしたら重さで天井が落ちた、それでバレたということがあったそうで。本当かどうかはちょっと怪しいんですけど、でもそんなことを言っているぐらい本が好きで。そのときのいちばんのお薦めが『三国志』、中1のときでした。何回も読んでいるんです。手垢のついたボロボロの本を今でも持っています。

駒井　やっぱり『三国志』のような本は何回も読んで、本の佇まいというか、そういうものまで記憶として残っているんですね。

酒寄　そうですね。

駒井　いいお話ですね。最初のお話に戻ります。世界文学全集ですが、あの頃は本屋さんが家に本を届けてくれましたよね。届いたご本を読んだのはいつ頃のことですか。

酒寄　60年代の末だったと思いますね。10歳前後だったと思います。自力で読んだのはもうちょっと前だったと思いますけど、いちばん印象に残っているのは小4。そのあと小5のときに引っ越して、全部失ったので。

駒井　とても残念なお話ですね。本もアルバムも。

酒寄　当時父が大枚はたいて買ったビクターのカラーテレビについてきた犬の置き物も。中学の時に友達から「お前は宇宙人だ」って言われたんですよ。行動が変なのもそうなんですけど、思い出や記憶が何も残っていない。突如この世に現れたかのように。

駒井　そういうものが失われたというのは痛恨の極みですね。

酒寄　本当にそうですね。へその緒はかろうじてあるんです。でも赤ちゃんのときの写真とかも全部ない。

駒井　そのあと『三国志』を中1のときにお父様にいただいて。皆さんにお話を伺っていると、ご両親のどちらかがとても本がお好きだというケースが多いです。『三国志』以外にお父様からお薦めいただいた本はあるんですか。

酒寄　『水滸伝』とかね、いくつか教えてもらった。とにかくチャンバラものとか時代物が好きだったみたいです。だから剣劇の小説だとか、チャンバラものはけっこう読みましたね。それがやがてファンタジー好きに繋がっていったのかな。

駒井　その『三国志』をずっと手放さずに、成長していく過程で「もうこれはいいや」って思わないで読み返していったのですね。

酒寄　物語の中に会いたくなるキャラクターがいっぱいいるんです。好きなキャラクターに出会うために入っていく。そういう読み方をしているので。

駒井　登場人物に会いにいく。

酒寄　そうそう。だから好きな映画やアニメもよく見直すことがあるんですけど、読書もまさにそれですよね。

駒井　幼い頃って本を選ぶときに、両親、教師、友人と、だいたいそういう方から勧められて「ああ、こんな面白い本があるんだ」ってなりますが、酒寄さんの場合はそれがお父様だった。

酒寄　圧倒的に父親でしたね。国語の先生もあんまり文学の話なんかしてくれませんでした。話してくれても間違っていましたし。

駒井　そんなこともありますね（笑）。

酒寄　子ども向けの百科事典みたいなものが当時出ていたじゃないですか。僕けっこうあれも好きで。つまりリアルなものも好きで。世界史だとか日本史だとか、あと日本神話とか。学校の行き帰りも道を歩きながら本を読んでいたんですね。

駒井　そんなに本がお好きだったんですか。

酒寄　それであるとき、学校の先生が滔々と日本神話の話をし出したんですね。僕がちょうど読んだばっかりの内容なんですよ。それで、「なんか内容が違うぞ」と思って「先生、この本の何ページのどこそこにこう書いてありますけど」って嫌味なことを言う生徒でした。

駒井　先生はびっくりしただけではなくて、ちょっと萎縮したかもしれませんね（笑）。

酒寄　委縮はしなかったと思うけど、そんな感じでしたね。

駒井　お友達と本の話とかはどうでした？

酒寄　意外と少なかったですね。さっきの引っ越しというのは、東京の世田谷から茨城の牛久へ、だったんです。牛久に行ったら学校に図書室がない。世田谷では僕は落ちこぼれだったんですよ。それが牛久に行ったらトップから2番目ぐらいの成績に突然なっちゃった。それで「勉強って面白いじゃん」って、人生が変わった。同時に過去のものをほとんどすべて失ったんですが（笑）。

駒井 それが小学校5年のときですね。

酒寄 それで5年になったときに、まわりで本を読んでいる子が全然いないのね。野球クラブに強制的に入らされそうになって、それが嫌で。みんなで取り囲んで「なんで入らないんだ」って。世田谷に比べて田舎なので通学の時間もけっこうかかる。30分か40分を1人で歩くんですね。だからその間ずっと本を読んでいる。中1の頃は自転車に乗りながら。危ないですよね。

駒井 自転車に乗りながらどういう本をお読みになっていたんですか。ご記憶はありますか。

酒寄 『三国志』ですよ（笑）。ハードカバーをハンドルのところに親指で挟むとちょうどいい具合なの。文庫はさすがに小さくて持ちづらいので無理なんですけど、どっちにしても危ないのでやらないほうがいいですね。

駒井 もちろんこれはお勧めできないことですけど（笑）。本と巡り会う場所というのは、書店でしたか？

酒寄 場所はもっぱら書店ですね。書店といっても本当に小さなところです。でも文庫はかなり揃っていて、新潮とか岩波とか一通りはあったので、そこで立ち読みしていました。学校に図書室はなかったんじゃないのかな。記憶に残っていないぐらいだから、使ってはいないですね。牛久の僕が通っていた学校の近くは養鶏農家が多かった。あくまで僕の記憶なんですけど、満洲から帰ってきた人たちの開拓村がいっぱいあったんです。それで、その子弟たちが僕の友達。だからお父さんとかお爺さんとかからは戦争の話をずいぶん聞かされました。一方で、僕が特に親しくなった友人の家なんかは雑誌がすごくて、壁一面にある。何の雑誌かというと「丸」。「丸」が創刊号から全部あった。

駒井 ちょっと若い人たちには「丸」は分からないと思いますが。

酒寄 分からないと思います。戦記物を扱った60年代、70年代のね。

駒井 当時は人気のある有名な雑誌でしたね。

酒寄 とにかくそれを持っている家の子なんかはゼロ戦を描くのがうまかったし、戦艦大和なんか本当にリアルに描くし。それでゼロ戦の撃墜王、坂井さんの話なんかをみんな記憶していて、それを聞かされる。だから一方で20年以上前の戦争の話をあちこちで聞くような感じで、現代の文学の話なんてありませんでした。

『西部戦線異状なし』でドイツ文学に出会う

駒井 書店で立ち読みしていたのは、世界文学だったんですか。

酒寄　けっこう海外文学なんかも読みましたね。薄いものはそのまま立ち読みさせてくれた。お小遣いでときどき買って。僕がお小遣いで初めて買った文庫は『西部戦線異状なし』なんです。これが笑っちゃうんですけど、戦争の話ばっかり聞かされて、『三国志』を読んできた僕でしょう、だから『西部戦線異状なし』ってカッコいい話かと思ったんです。それで買って読んでみたら目が点というか、目からウロコが落ちたというか。

駒井　タイトルの印象と全然違いますものね。

酒寄　戦争のものすごいギャップ。中2のときだったと思うんですけど。驚天動地でしたね。戦争の残酷さみたいなものが。

駒井　すさまじい内容ですからね。

酒寄　まわりにいた大人たちも、あとから考えたら何もなくなって帰ってきた戦争の被害者なんですね。日本軍の戦車は装甲が薄くてソ連軍に機関銃を撃たれると中に入っている奴がみんな死んじまうんだとか、そんな残酷な話を嬉々として喋るんですよ。そこは残酷なんだけど、英雄的な要素があってカッコいいみたいなイメージも植え付けられていたんです。それが『西部戦線異状なし』で衝撃を受けた。ドイツというキーワードが最初に僕の中に植え付けられたのもあの作品です。

駒井 それが最初のドイツ文学との出会いなんですね。中学生のときですよね。中学生から高校生ぐらいってちょっと読むものが飛躍するじゃないですか。その頃は他にどういう本をお読みになったのかな。

酒寄 特に記憶に残っているのは、中3のときに読んだ『ジャン・クリストフ』ですね。

駒井 ロマン・ロランの。

酒寄 正直これは歯が立たなかった。なんだかわけがわからないんだけど、ときどき出てくる言葉にグッときて、完読しましたね。でも本当は『モンテ・クリスト伯』を読みたかったんですよ。それが間違って『ジャン・クリストフ』を買って帰っちゃった（笑）。でも引き込まれて読んじゃった。背伸びした気分になりました。

駒井 背中を押されて最後まで読んでいった、その衝動というのはどこから来るものだったんですか？

酒寄 何だったんでしょうね。記憶がもうさだかではないんですが、一つは文学よりは音楽でしょうね。あれは音楽小説なんです。音楽家が主人公の話なんですよ。やっぱり音楽にはもともとすごく関心があったのね。沢田研二とか、タイガースとか、グループサウンズから入って音楽にハマっていて、中学になるとロックなんかも聴き出した。だからたぶんそれもあって、間違えて買っちゃったんだけど音楽の話だから惹かれたというところも個人的にはあるんです。

駒井 なるほど。音楽が背中を押してくれたんですね。

酒寄 それと同時に、音楽に情熱を傾ける一人の人間の一生を描いているんですよね。まだ見ぬ自分の未来とでも言うのかな。人間の未来にはどんな生き方があるんだろうというのを、何か体験させてくれたような気がするんです。ただ訳がひどかった記憶はあるなあ。

駒井 そういうときって自分を責めたりしますね。分からなくて自分を責めて、世界文学が分からないんだなと思っちゃいますよね。

酒寄 そうなんです。ある意味背伸びなんですけど、きっとこれは正しい表現なんだけど自分には分からないんだと。当時はつまらないと思ったときでも「なにくそ」と思ってそれを乗り越える努力はしていましたね。今ってそれが少なくなっているんじゃないでしょうかね。分からないとパッと捨てちゃうみたいなところがある。楽しみの選択肢が今はすごく多いじゃないですか。僕は田舎でしたから、音楽もラジオで聴くぐらいでレコードを買う場所なんてなかったですから。そこで手に入ったものを自分のものにしていく、みたいな努力がプラスで付いていたような気がするのね。読書も同じだったと思うんです。

駒井　そうなんですね。本を読んだり音楽を聴いたりすることは、その時代にはある意味切実な体験だったわけですよね。今はツールが発達していますから、もうちょっと手続きが簡便になっていますけど。

酒寄　そう。手に入れるのも気軽だし、選ぶのにも選択肢がすごくありますから。読書がワン・オブ・ゼムになってしまうじゃないですか。ちなみに高校になると読書の状況はガラッと変わるんです。その変わり方はちょっと半端じゃない。

駒井　それはどういうことが起きたのでしょうか？

高校の寮でドイツ語を学ぶ

酒寄　親がうっとうしくて、合法的に逃げようと思って全寮制の高校に入ったんです。全寮制だから必然的に家から離れられるじゃないですか。背水の陣で八王子にある私立の高校を受けたんですね。一学年が確か40人。

駒井　全寮制って24時間一緒だから、ものすごく濃密ですよね。

酒寄　2カ月に1回週末に帰れるぐらいで、あとは全部学校です。

駒井　そういうところで、本も「これ面白いよ」とか。

酒寄　本棚が一人に一つ与えられて、お互いに全部見えちゃいますから。他の人が何を読んでいるのかも見えるし、話をすることにもなる。

駒井　それは刺激になりますよね。

酒寄　なります。そりゃあ先輩のもわかるわけですから。

駒井　高校時代は一年でもすごく違いますからね。本棚を覗いて記憶に残っている本はありますか。

酒寄　『チボー家の人々』ですかね。あれも感動したな。

駒井　短編というより大作系が多いですね。

酒寄　僕は大作系なんです。その世界に入るのが好きだから、長いほどいいの（笑）。

駒井　それはいいお話ですね。

酒寄　短編は短編で良さがあるんだけど、僕は長いものに何日もどっぷり浸かるのがいい。

駒井　その世界にずっと浸っていられるのがお好きなんですね。

酒寄　だから翻訳するものも長いものが多いんですよ。過去に全9巻というのがありますからね。3千頁ぐらいかな。それを訳したときなんかもう最高。

駒井　高校生であの長い『チボー家の人々』をお読みになっているわけですよね。その前に『ジャン・クリストフ』ですしね。

酒寄　もう、怖いものなし（笑）。何を読んでも平気、みたいな感じで。あともう一つ、高校で進級論文という課題が出たのね。1年生のときが芥川龍之介、2年生のときが夏目漱石で何か書け、と。それで芥川は『河童』と『歯車』、何か死のイメージが気になって。それで論文を書いたんです。その論文は残っていないんだけど、2年生で書いた夏目漱石についての文章は今でも残っています。30枚ぐらい書きました。

駒井　それが事実上、生涯初の論文なわけですね。

酒寄　そうです。これで論文を書くことの面白さに目覚めた。比較していって違いを発見する。これが要するに熟読に繋がるんだけど。読んでパッと終わらせて次の世界にいくのではなくて、深く掘っていくと思わぬものを見つけられるということに気づいた。それで僕は研究者を目指すことになったんです。

駒井　とても興味深いお話です。高校生で論文を書くことの面白さに目覚めて、研究者になったんですね。

酒寄　しかも全寮制だったでしょう。みんなもちろん当時は学校で英語を学ぶんですが、僕は天邪鬼で。というか、父親がもともと『アメリカーナ』というアメリカの百科事典のセールスマンだったんです。それで小学校のとき、あるお客にセットで売ったら何か事情が変わって半額払うから引き取ってくれって言われ、うちの父親が引き取らされちゃったことがあったんですね。30巻ぐらいある事典が家にデーンとあって。それとセット売りされていたアメリカの子ども向けの『ザ・ニューブック・オブ・ナリッジ』、全10巻ぐらいなのも家にあって、さらに英語のソノシートの学習教材もあった。これを実は僕は小学校の5年からずっと聴いていたんです。4年だったらなくしてたんだけどね（笑）。だから僕は英語は耳から入った人間で、けっこう記憶にあったんですね。だから中学のときも苦にならなかった。高校の試験でも成績がよくて英語の先生と仲良くなったりしていたんですが、みんな英語ばかりやるので気に入らないなという気持ちもでてきて。同じ寮の友人でお母さんがフランス人の人がいましてね。彼と二人でフランス語をやろうかということになった。フランス帰りの先生がいたので、フランス語を教えてくれって直談判したんです。そしたらあっさり断られちゃって、こっちは憤慨するじゃないですか。向学心から言ったのに。そのことを英語の先生に愚痴ったのね。そしたら「お前な」って。その人は実は英文学よりドイツ文学が好きだった。先生の家に行くと、本棚にトーマス・マンの全集が並んでいたんですよ。

駒井 それは原書ですか。

酒寄 原書。全部読んだかどうかは分からないけど、ヘッセもあったしトーマス・マンもあったし、棚のかなりの部分をドイツ文学が占めていた。翻訳もあったかもしれないけど、記憶に残ってないんです。「そんなに英語をやりたくないのなら俺がドイツ語を教えてやる」って言ってくれて。結局フランス語をやろうと言っていた友人はドイツ語には興味ないから参加しなくて、僕だけ言った手前やめられないから特別授業です（笑）。

駒井 1対1ですか。

酒寄 先生は舎監を交互にやっていて、週に1回とか2回とか、寮の中に先生が泊まる日があるんです。その夜10時から約1時間。それを高2のときから。

駒井 他にそういうことをしてもらった生徒はいないわけですよね。

酒寄 いないんじゃないですか、いくらなんでも。

駒井 ある意味、非常に恵まれた環境ですね。そのマンツーマンの授業以外に、日常的にドイツ語の勉強はなさったんですか？

酒寄 文法的なことはあまり教えてくれなくて、何をやったかというと詩の暗記なんです。発音を一通りやってから詩を。だから当時は30ぐらいの詩を暗唱できましたね。大学の推薦入試のときにも面接官の前で詩をパパパーッて暗唱したわけです。受からないわけないですよね（笑）。

駒井　なるほど、そういう過程があってドイツ文学のほうに進まれたんですか。

酒寄　最初は文学というよりは言葉に興味があって。言葉の意味や語源を調べるのが好きだったんですけど、高3のとき『牡猫ムルの人生観』に出会っちゃった。そしてさらに、先生から勧められたドイツ文学を盛んに読むようになった。

駒井　具体的に作家名を挙げていただくと?

酒寄　ヘッセとかですね。トーマス・マンは苦手だった。『魔の山』も一応通読したんだけど、あまり記憶に残ってない。どっちかというとヘッセですね。最初に出会ったのが『デーミアン』で、その次に読んだのが『シッダールタ』、それから『荒野の狼』。前期のちょっとロマンチックなものは苦手で。

駒井　あのへんのものは、高校生か大学生ぐらいが読むと、けっこうグッと来ますよね。

酒寄　そうそう。自分って何だろう、この世界と自分との関係はとか、いろいろ悩みを持つ年代ですもんね。

駒井　そうですね、そういう年齢にはぴったりですね。

酒寄　自分自身に違和感を持つというのかな、まわりと合わない自分、みたいなことに気づいてしまう。そういうのが本当に『デーミアン』とか『シッダールタ』に出てきていて、その悩みを悩みとして受け入れながらどう生きるんだ、みたいな。何か答えがあるわけではないんですけどね。でも自分と並走してくれるキャラクターとでもいうのかな、そういう存在がヘッセだったという時期があって、ずいぶん読みましたね。だから『デーミアン』の翻訳には本当に力を入れました。

駒井 酒寄さんの新訳はとても素晴らしくて、ヘッセっていい作家だよなあってあらためて思いました。

酒寄 あれは時期もよかったと思います。翻訳の仕事は20代の終わりぐらいからやっていてずっと続いているんですけど、たぶん30代だったら『デーミアン』はあのようには訳せなかったな。

今は現代のドイツ文学を

駒井 今まで研究も翻訳も続けていらっしゃって、ドイツ文学というもののいちばん大きな魅力って何だと思いますか?

酒寄 うーん、答えづらいな。20代にとっては背伸びするにはこれほどいいものはないと思うぐらいいい古典文学がいっぱい揃っています。60代の今の自分は古典はもういいかなと個人的には思っていて、むしろ新しい文学を読んで新しい発見をしたいという気持ちのほうが強い。

今は現代のドイツ文学をすごくたくさん読んでいます。

駒井 たくさん訳しておられますよね。

酒寄 そこから刺激を受けるし、日本にもぜひ紹介したい本はあるし。今翻訳のほうも忙しくなっているので年間で新刊を読めるのは20、30冊に減っちゃっているんですけど。

駒井 それでもすごい数だと思いますが。

酒寄 でも、40代の頃は100冊は読んでいました。3日に1冊のペースで。日本文学や翻訳された他の外国文学も読んでいましたけど、約100冊ぐらい。

駒井 そんなにお読みになっていたんですか。

酒寄 でも、そのなかで本当に翻訳したいなと思える本は手の指の数ぐらいなんです。

駒井 今まで翻訳なさったたくさんの本の背景には、それだけの読書量があったんですね。

酒寄 そうですね。僕の中にあるベースがあって。この本を選ぶ、選ばないという基準がある意味出来上がっているんです。むこうの大きな賞の受賞とかも、基本的に信じてないんです。むしろ今は新人賞ですね。あ、この作家はいきがいいなと。それで実際に訳した作品もあるし、その作家がその後どう成長するのかが楽しみで追っかけたりする。

駒井 それはなかなか個性的なスタイルですね。

酒寄 だからむしろ自分の物差しでいいなと思った本を選んでいます。そして最終的に届けるのは今ここにいる日本の読者ですから、この本を届けたいという気持ちになれるかなれないか、これもけっこう大きいですね。

駒井 酒寄さんがここのところ力を入れて翻訳されたベルリンの3部作、これはたいへんな評判になっていますね。岩波少年文庫から出ている『ベルリン1919』『ベルリン1933』『ベルリン1945』、それぞれ上下巻ということで刊行されていますけれども、やっぱりこれはひときわ思い入れの強い作品なんですか。

酒寄 翻訳家という立場で言ったらこれはベストワンですね。

駒井 ベストワンですか！

酒寄 僕は200冊ぐらい訳していますけれども、その中でベストワンですね。

駒井 200冊訳されて、ベストワンですか。確かに読んでみると、これは児童文学という概念を少し修正して読まないととても読み切れないですよね。ナチスの台頭とか、そういうことも含めて。

酒寄 はい。でもね、この本がなんで僕にとってベストワンかというと、かけた時間がもう半端ないですもの。最初に読んだのは新刊で出たばっかり、1984年なんです。当時の福武書店、今のベネッセですね。福武書店が「ベストチョイス」という児童文学のシリーズを出すのに、僕はドイツ文学の児童書を選書するチームの1人として動いていたんです。でも結局シリーズとしては出せなかった。でも完結したところでやっぱり出したいと思って、岩波少年文庫から刊行できたんです。こんなに嬉しいことはないですね。

駒井 若い世代に読んでほしいということもありますよね。

酒寄 作者であるクラウス・コルドンさんがこの物語を書く経緯というのがあって。いろんな学校へ朗読会に行って学校の先生とそのあと話をしてみると、ナチの問題はよく話題になるんだけどどうしてナチがあんなになったのかという、もうちょっと前の話になると誰もほとんど知らない。それに愕然としてこの本の計画を立てたと言っているんです。学校の先生も巻き込んだ中で、若い世代、特に10代の子どもたちに読んでほしいんだという思いで書いているんですね。

駒井 そういう重い背景があるのですね。

酒寄 彼自身も、お父さんが1942年かな、東部戦線で行方不明、要するに戦没していて。お母さんもすぐに亡くなってしまって孤児として育っているんですが、当時の政治状況の中で東ベルリン側になって、物心ついたときには東ドイツの国民になっていたんです。そして72年に子どもたちを連れて自由を求めて西側に亡命しようとして捕まって。彼の入った牢屋も僕は見に行ったことがあるんですけど、一年間刑務所に入れられるんですね。ひどい体験をする。この体験を900ページの長篇として書いているんです。彼自身が1942年の生まれなので戦争体験はないんですけど、そういうドイツの歴史を自分のアイデンティティとして身をもって体験した作家で、東側も西側も知り尽くしているんです。その彼が、若い世代に理解してもらいたいというので書いたのがこの作品なんです。

駒井 作品の理解につながる大変重要なお話ですね。

酒寄 やっぱり思い入れがありますね。中に出てくるお店の名前も、全部本当にあったものなんです。彼とベルリンに行って散歩していると、「この家には昔西側に亡命した詩人が住んでいて、実は彼には彼女がいて、その彼女は政治家の誰とつながっていて、その政治家がどういう賄賂をもらったかも聞いているんだ」って、もう全部知っているの。作家の人柄も含めての、この作品のすごさ。実際にコルドンさんは自分の半生を書いた作品があるんです。亡命した後の西側での生活を書いているんですよ。それは1990年に、ベルリンの壁が崩れて初めて自分の故郷、東ベルリンに戻れるところまでの話なんです。しかも、さらに3部作があって、『1848』という作品がある。これは三月革命といってベルリンの市民が憲法を勝ち取った、そこから始まる3部作で。2巻目では普仏戦争で国を背負って立つ形で戦争に出た2世代目が登場して、次は3世代目が社会主義を鎮圧するビスマルクと戦うという、19世紀の3部作なんです。コルドンさんはベルリンだけで実に1848年から1999年までを書き切っている作家なんです。

駒井　ドイツでも稀有な作家なんですね。

酒寄　いないですよ、他には。だから本当は他のものも日本に紹介したいなと思っていますけど、マイナーな話題なのでなかなか機会がめぐってこないんです。

芋づる式に読んで地図を作る

駒井　お読みになってからそれを翻訳するまでの、かかった時間の長さが深く印象に残りました。ベルリン3部作の読者には若い人も多いと思うので、酒寄さんから、読書の方法論といいますか、本を読むときにどうやって読むと上手に本の世界に入っていけるか何かアドバイスみたいなものがありましたら。

酒寄　いわゆるブックガイドとかブックリストみたいなものもありますけど、あれも僕はあまり信じていなくて。天邪鬼なところがあって、人と違うことをやりたいんですよね。あとは好奇心が僕のモチベーションになっているんですが、何か読んで面白いなと思ったらそこから芋づる式にしていく。

駒井 そういう本の読み方で間口を広げていくんですね。

酒寄 そうですね。僕はそういう感じで広げて行っているところがある。自分で地図を作るということかな。

駒井 なるほど。そうすると今まで自分が出会うことのなかった作家にも会える。

酒寄 どうしてもガイドブック的な本で選ぶとお勉強になっちゃうからね。読書は楽しみなので、お勉強の感覚で読むのは僕自身は長続きしないですね。

駒井 最後に「私が本からもらったもの」というのは何だと思いますか。酒寄さんの場合は。

酒寄 想像力を養ってくれたことかな。言葉だけだとね、映像もないし音もない。音楽小説でこんなに大変なことはないんですよ。音楽だったら音を聴けばもうそれでオッケーなんだけど、音楽小説は音を鳴らせないのでその音をどう言語化していくか。あるいは映像も、けっこう小説は映像的な場合があるんですけど、逆に言うと実際には映像は文字にはなくて、文字で表されたものを僕らが映像化していくわけじゃないですか。どれだけ色が付いたり形が見えてきたり、それを膨らましてくれるかというのは言葉の力ですので。想像させてくれる、それが言葉の魅力だし文学の魅力なのかな。僕が翻訳しているファンタジーのジャンルは大変なんです。まさに想像の世界ですから。

駒井 酒寄さんが本からもらったものというのはそういうことなのですね。今日は大変刺激的なお話をいただいて、私自身も楽しむことができました。ありがとうございました。

酒寄 どうもありがとうございました。

読書案内

*吉川英治『新装版　三国志』（講談社文庫）
*レマルク『西部戦線異状なし』（秦豊吉訳、新潮文庫）
*ロマン・ローラン『ジャン・クリストフ』（豊島与志雄訳、岩波文庫）
*ロジェ・マルタン・デュ・ガール『チボー家の人々』（山内義雄訳、白水Uブックス）
*ヘルマン・ヘッセ『デーミアン』（酒寄進一訳、光文社古典新訳文庫）
*クラウス・コルドン『ベルリン1919　赤い水兵』（酒寄進一訳、岩波少年文庫）
*クラウス・コルドン『ベルリン1933　壁を背にして』（酒寄進一訳、岩波少年文庫）
*クラウス・コルドン『ベルリン1945　はじめての春』（酒寄進一訳、岩波少年文庫）

＊

第8夜

蜂飼耳

日本文学

(はちかい みみ) 1974年神奈川県生まれ。詩人。立教大学文学部教授。詩集に『食うものは食われる夜』『顔をあらう水』『現代詩文庫 蜂飼耳詩集』など。文集に『孔雀の羽の目がみてる』『空を引き寄せる石』『秘密のおこない』『空席日誌』『おいしそうな草』など。書評集に『朝毎読』、絵本に『うきわねこ』(絵／牧野千穂)など、童話集に『のろのろひつじとせかせかひつじ』など。古典文学の現代語訳に『虫めづる姫君 堤中納言物語』『方丈記』がある。

熱心に読んで、忘れる

駒井 こんにちは、駒井稔です。今日は、蜂飼耳さんをお迎えしました。よろしくお願いします。

蜂飼 よろしくお願いします。

駒井 蜂飼さんは詩人でいらっしゃいますし、それから小説、エッセイ、絵本もお書きになり、多岐にわたって創作活動をなさっています。最初の愛読書、それは何になりますか?

蜂飼 はい。ちょっと答えに迷いますが、子どもの頃の愛読書として思い浮かんだのは『シートン動物記』でした。いくつものお話が入っていますが、私にはとりわけ『おおかみ王ロボ』の物語を心に響く作品として記憶しています。現物は実家の段ボール箱の中に今もしまってあるはずです。もう繰り返し読んだ物語ですね。

駒井 その後も何度も繰り返し読んでいらっしゃるということですか。

蜂飼　その後は一時期は忘れ去っているぐらい遠ざかっていましたが、子どもの読書っていうのはそんなものなのかなあと思いますね。熱心に読んで、そして忘れる。

駒井　今もその本を取ってあるというのは、『シートン動物記』が読書の原点だと思っているからでしょうか。

蜂飼　そうですね。というか、子どもの頃に大事にしていた本はほとんど取ってあります。ボロボロになったり、背が壊れたりしているものも紐で結わえて、箱にしまったまいまだに置いてあるので。そんな中に入ってますね。

駒井　小さい頃って「これ読みなさい」とかご両親に言われて読んだり、あるいは本好きの友人がいたり、先生からのいろんな助言があったりしますよね。そのころはどんな感じで本と接していらしたのでしょうか？

蜂飼　そうですね、どんな感じだったんですかね。やはり私の両親はよく本を勧めて読ませるほうではありましたね。家が本だらけの環境ではありました。

駒井　ご両親とも本がお好きだったんですね？

蜂飼　父は仕事上、本が多いという感じだったんですね。母も本好きでしたから、子どもには本は興味のおもむくまま惜しみなく与えようという環境だったと思います。ただ、私には兄弟がいますが、兄弟はあまり読んでなかったように思いますね。私はたまたま本好きになりましたけれど。本が家にあったというのはあるけれども、しかし年齢が上がるにつれて外の環境から得られる情報が増えていったと思いますね。それは学校であったり、地域であったり。近所の公民館に子ども向けの本棚が設置されていて、ときどき開かれて貸し出しが行われていたということもありました。

駒井 なるほど。

蜂飼 図書館ではいろいろな催しものも開かれていたりしましたね。

駒井 たとえば読み聞かせとかでしょうか。

蜂飼 読み聞かせ、あとはおはなし会ですね。そうした場所で配布されるものもいろいろ工夫されていますよね。私の子どもの頃も地域の図書館はそういう役割を果たしていて本と出会う重要な場所の一つでした。それから、町の本屋さん。今はもうないんですよね、全然。私の育った町の最寄り駅のロータリーのところに小さな本屋がありました。昭和の時代にはよく見かけたような町の本屋さんですが。

駒井 どの町にもありましたね、あの頃は。

蜂飼 小さな町の本屋さんにしては児童書コーナーが充実していたので、名作はそこでいろいろ買い求めた記憶があります。ビアトリクス・ポターのピーターラビットのシリーズ、ミヒャエル・エンデの本などもそこで買って読みました。あと、「青い鳥文庫」なども。

駒井 本は次から次へお読みになるタイプですか？ それとも一冊をじっくり？

蜂飼 それは同時にしていましたね。次々にも読むし、気にいったものとはじっと向き合う。

駒井 なるほど。学校の先生とこの本のどこが面白かったとか、そういう話をすることってありましたか？

蜂飼 ありましたね。学校でも読書を勧めることはかなり行われていました。ただ、まだ朝の読書運動の時代ではなかったです。友だちとも本を貸し合ったり、学校の図書室に一緒に行って放課後とか入り浸って。読み始めると一人の世界になりますから、友だちといても意味がないくらいですが。でも、そういうのもよかったんでしょうね。友だちと並んで、それぞれの本を読んでいるという。

駒井 その時代によく読んだ本を、挙げていただけますか？

蜂飼 たとえば、「青い鳥文庫」の福永令三の『クレヨン王国』シリーズがその頃次々に出ていて。それがとても好きで、シリーズの新刊が出るたびに買って読んでいました。『クレヨン王国の12か月』とか『クレヨン王国の白いなぎさ』とか。

駒井　僕は読んだことがないんですが、どんな内容なんですか？

蜂飼　それは完全に児童文学です。クレヨン王国を舞台にくりひろげられるさまざまなお話で、シリーズではありますが一冊ずつかなり違います。冒険譚もあれば短篇集もあって。

駒井　そういう小学生くらいの時の読書体験から、その後思春期になりすこし背伸びもしますよね。その辺りで読み始めて印象に残った本はどんな本だったのでしょう。

蜂飼　はい、思春期に読んだ本ですと、まずは『赤毛のアン』です。モンゴメリの。もう一つは『アンネの日記』でしたね。アンネ・フランク。その二つは私が13〜14歳くらいのとき、とても大事な重い本でしたね。存在として重要な本でした。

駒井　つまり中学生の頃ですね。

蜂飼　そうです。中学校に入って1、2年くらいの時期ですね。その時期って一年ごとにどんどん変わっていくという感覚があると思うんですけど、大人になって振り返れば、それは短い限られた時間の中での読書だったと思うんです。特にモンゴメリに関しては、「エミリーシリーズ」というのがあるんです。エミリーという物書きになりたい少女が主人公のシリーズで、『可愛いエミリー』とか『エミリーはのぼる』というタイトルで出ています。それが『赤毛のアン』とは少し違う性格の少女を書いていて、そちらのシリーズもとても好きでした。

創作に対する切実な表現衝動

駒井 その頃からいつか物を書きたいと思っていたんじゃないですか？

蜂飼 そうなんです。小学校1年の頃にはもう思ってました。

駒井 そんなに早く。

蜂飼 はい。ノートとか画用紙で絵本を作ったり、ノートにお話を書いたりしたので。どういうわけか小さいときからそう思っていました。

駒井 では将来はそういうお仕事をすると思っていたのですね？

蜂飼 仕事をするというよりも何か書きたかったんでしょうね。書き表したいという感じだったと思います。でもそれも一番最初のきっかけに遡ると、幼稚園時代につけていた絵日記なんです。絵を描いて、下に数行の文章を書くという。それが楽しかったんですね。

駒井 創作の原点とでもいうべきものがそこにあるような気がしますね。

蜂飼 絵日記帳に絵を描いて、その下にどこどこに行ったとか、誰さんと遊んだとか書くことが、一日の終わりに非常に楽しい、大事な時間だったんですね。

駒井 大事な時間という表現がいいですね。いつか作家になっていく素地がすでにあるというか、ちょっと他の人とは違うスタンスで本を読んでいたような印象があるのですが。

蜂飼 そうかもしれませんね。生意気ですけど「クレヨン王国シリーズ」を読んでいるときもどうしたらこんな楽しいお話が書けるんだろうなって考えてました。

駒井 すでにそういう読み方をされていたのですね。

蜂飼 別に小学5、6年生の読書の内容として大人びているわけでもなく、完全に子ども向けの読み物なので。ただ、どうしたらこんな面白いことを思いつくんだろうかとか、そんなことを考えていたのを覚えています。生意気なんですけど。

駒井 生意気とか、そんなことでは全然なくて。僕なんかただ楽しんで読んじゃうだけだったんですけど、蜂飼さんの場合は小さな頃からそうした意識があったんですね。「エミリーシリーズ」に出会ったときは「これ、私のことかな?」っていう感じはありましたか。

蜂飼 「これ、私」っていうよりも「この人の気持ちが分かる、自分もそう思うのだ」って。それはアンネ・フランクもある意味ではそうなんですけどね。将来は作家になるって日記に書いていますよね。しかし若くして戦争の犠牲になるわけです。そういう、自分と変わらない年齢の少女の「ものを書き表したい、言葉で表したい」という思いですよね。そこに共鳴していたんだなと、もっと時間が経った今振り返ると思えるということはあります。

駒井 言葉ですよね。

蜂飼 そうです。言葉で表す。ただ、先ほど言ったように、思春期の読書っていうのは、何カ月とか一年ごとにどんどん変わることがある。なので、その時期に私がモンゴメリとかアンネ・フランクに夢中になったとしても、大学生になってもそのまま同じように持続したかというと、それはなかったです。何年か前に夢中になった本という感じで本棚に並んでいるアンネやアンの本を眺めるという感じはありましたけど。夢中になったときから何年も経ったわけではないけれども、違う段階に移っていく。年齢が変わっていくというのは、そういうことかなと思います。

駒井 小さい頃からの創作に対する衝動みたいなもの、無意識ではなくどこか自覚していらっしゃったことは、すごく興味深いです。

蜂飼 創作や本に関わりたい、そうなれなかったら困るという感じでした。

駒井 その頃からある種、切実な表現衝動のようなものがあったっていうことですね。高校生くらいになって今度は大人の読むものと同じようなものを読みますね。その辺りでお読みになったものは何ですか？

夏目漱石と宮沢賢治

蜂飼　たしか先生が勧めてくれて、例えば「夏にこの本を読んでおくといい」というリストをくださったりしたんです。そんな中で自分で読んで「これは大人の話」と思ったその一つは、夏目漱石の『それから』ですね。

駒井　夏目漱石でも『吾輩は猫である』とか『坊っちゃん』とは少し違いますよね。

蜂飼　『それから』『三四郎』とか『門』、そういう作品になりますと、小中学生では味わえないものですね。『それから』はタイトルがひらがな4文字ですから、何でもないタイトルですよね。それで読んでみると、代助と三千代という男女の恋愛の話なんですけど。大変な苦しい立場におかれる二人の環境が描かれているんです。80年代後半に高校生だった私にとっては、その時代って世間ではトレンディードラマが流行っていた頃で。

駒井　そうですね。いわゆるバブル時代ですね。

蜂飼　はい、テレビで毎週賑やかな男女の恋愛模様を描くドラマが放送されていた時代です。漱石の『それから』は、描かれているこまやかな感情というものが当時のテレビドラマにも通じるように思いましたね。これは自分の自発的な読書経験になりました。そこから『三四郎』とか『門』とか、さまざまな漱石の小説を読みました。

駒井　『アンネの日記』とか『赤毛のアン』とか外国のものから出発して、その頃は日本の小説を読むことが多くなっていたということはありますか？

蜂飼　日本の小説をというか、もうちょっといろんな人物が動く世界というものを読もうとし始めたとも思いますよね。ただ一つ覚えているのは、翻訳ものが非常に読みにくいなと感じたことが一時期ありました。それは翻訳された日本語文が自分にとってフィットしないという感じを持っていた時期です。

駒井　それは私にもよく分かります。

蜂飼　その時期には日本語で書かれていて、その日本語の文章がしっくりくると思えるものを読みたいなという渇望がありました。

駒井　漱石のほかにはどんな作家を読んでいましたか？

蜂飼　いろいろ読んでいました。太宰とか芥川とか志賀直哉とか梶井基次郎とか、定番ですが、そのあたりですね。乱読という感じで。もう一つは、今も私にとって大事な作家なんですけど、尾崎翠《みどり》ですね。作品の数は比較的少ない作家ですけれど。本当に独自の世界だと思ってその時期の自分にとって非常に大事でしたね。

駒井　そうですか。読んだことがないので、ぜひ読んでみようと思います。

蜂飼　あとは、宮沢賢治です。高1のときだったかな。岩波文庫の『宮沢賢治詩集』をたまたま買って読み始めたら、もうびっくり仰天して。これは何だろうと思ったんですね。イメージと音が読むたびに再生する感じに衝撃を受けました。

駒井　宮沢賢治の詩集なんですね。童話集ではなく。

蜂飼　はい、詩集です。谷川俊太郎さんのお父さんの谷川徹三さんが編んだもので、『宮沢賢治詩集』という一冊でした。

詩との出会い

駒井　詩との出会いっていうか、いつ頃からお読みになっていたのかということも、おうかがいしたいですけれども。

蜂飼　子どもの頃に、私の詩の原体験的な一冊があるんです。それは私の母が持っていたアンソロジーなんですけども。童心社から出たもので、『こころのうた』というタイトルの本なんですね。それはある意味、詩画集と呼べる作りになっています。絵は初山滋が描いています。近代詩のさまざまな詩人の作品を一人数編ずつ収めたもので、子どもが読むには難しいんですけど。とはいえ絵も入っていたので絵本的なものかとも思いつつ、でも読めない字もあって。

母が音読してくれたりもして読みました。ここに自分にとっての詩というものの原点の一つがあると思います。でもなんといっても、10代半ばに宮沢賢治の詩に触れた時ですね。やっぱり詩だと思った瞬間。これはっきり覚えています。

駒井 その時は、ご自身で詩を書こうと思いましたか？

蜂飼 詩はすでに書いていたんですが、それはこっそりノートに書いているようなもので、恥ずかしいようなものでした。10代の遊びの一種だったと思います。全然書けなかったし、どういうものかなと、その時期はいろいろ考えていたと思うんです。宮沢賢治の詩は文章と全然違うんですよね。文章が展開する世界とは違って、音とイメージがないまぜになって進んでいく。国語の教科書で読む詩のような短い分量の中できれいに着地するスタイルではなくて、形としてはばーっと綴られたように見えるんですよ。そういうものもありえるなという感じを持ちましたね。物語のような文章作品とは異なる方法が可能なんだなとあらためて体感できたのが、賢治の詩でした。

駒井 大きな出会いだったんですね。

蜂飼 とくに表題作の「春と修羅」という詩でした。

駒井 宮沢賢治の童話はすでにもうお読みだったんですか。

蜂飼　そうですね、賢治の童話はいくつも絵本になっていましたから、子どもの頃にいろいろ触れてたんですけど、その頃は暗い話だなと思うくらいで。『よだかの星』とかも気持ちはわかるんですけど、ちょっと重すぎて読んだあと憂鬱な気持ちになったりして。楽しい気持ちになる世界じゃないという印象を持っていましたね。

駒井　実は宮沢賢治の童話は僕もよく読んだんですけど。詩までは手が伸びないという人も多いかもしれません。

蜂飼　そうなんです。言葉なんですよ、それは。言葉がそこにあるんです。『春と修羅』を読むと。非常に意味としては説明しにくい世界が展開されていくんです。なぜならばイメージが重層的に表されて行から行へ進んでいくので。それは説明的言語が追いつくよりも速く進んでいく世界なんですね。ですから説明じゃなくてそこにある詩の一行一行を受け取ると、それが自分の中で再生されてイメージと音が湧いてくる感じがするんですね。

駒井　音がですか。

蜂飼　はい、音と文字が醸し出すイメージですね。

駒井　詩なんですよね、それが。

蜂飼　はい、それが詩なんだ、これが詩を読んでいる体験だとその瞬間思いました。やっぱり詩だな、詩と向き合いたいなと。

駒井 その時に詩人になるっていうことをかなり強く意識したんでしょうか。

蜂飼 詩人になるっていうよりも、詩に関わりたいという感覚ですね。ずっと詩に関わりたいという感覚より、詩と離れないだろうなっていう感覚を持ちましたね。これが自分の今後の何かだって思いましたね。

駒井 そうですか。例えば外国の詩人、ランボーとかヴェルレーヌの訳詩とかは?

蜂飼 訳詩はその頃の私にはあまり響かなかったですね。もう少し年齢が上がって『海潮音』とかを読んで「ああ、なるほどこういう日本語か」と思ったりはしましたが。その頃は訳詩はわからなかったです。

駒井 宮沢賢治の詩とめぐりあって、日本の他の詩人へと拡げて読んでみようという気持ちもおありになったんですか?

蜂飼 そこからいろいろ読みました。でもしばらくはずっと賢治がいいなと思ってました。

駒井 ずっと賢治って感じなのですね。日本の近現代詩をお読みになったのは、それからかなり先の話ですか?

蜂飼 近代詩は本がわりと手に取りやすいんですよ。何種もの文庫にもなっているし、本屋に行けばいい。現代詩はあまり身近になかったんですね。それが大学生になったら、先生に鈴木志郎康さんがいらして。鈴木さんの授業を受けたときに、いろいろと初めて知ることが多かった。授業の後に大学の図書館に行って、現代詩文庫を開いて読んでました。

駒井 なるほど、そういうことなんですね。本の読み方としては多読だったんですか?

蜂飼 どうでしょうか。10代のある時期はたくさん読むってことをしていたと思います。何を読めばいいか分からないので、片っ端から読むわけですね。その中で、自分にとってこれは必ず大事だなとか、自分に何か深く関わっていることがわかる何冊かは、繰り返し読む対象だったんだろうなと思います。

駒井 いろんなジャンルに手を伸ばして読んでいたわけですね。

蜂飼 そうだと思います。でもそんなに吸収もできませんし、咀嚼もできませんから、ただ通り過ぎただけのものももちろんいっぱいあります。そういう時期は必要なのかもしれません。それで思い出すのが、もう亡くなった作家の高橋たか子が、自分の本棚について書いている文章ですね。自分の本棚には50冊しかないって書いてましたね。

駒井 なんと(笑)。

蜂飼 もう年齢もかなり上がってから書かれた文章だと思うけれど、50冊って。それぐらい減らすという視点もありえる。人生が進むにつれて選択というのはしようと思えばできるのかもしれないですね。でも普通は増えていきますよね。置き場所がなくなるほうが普通かなって。

駒井　増えていきますよね。うかがっていて僕の記憶にあるのは織田作之助が言っていた「本棚に100冊あればいい」。

蜂飼　人それぞれだと言ってしまうと身も蓋もないんでしょうけど、まさにそれぞれで。

言語表現で限界を目指す

駒井　宮沢賢治の他にはどんなものを読まれていましたか？

蜂飼　小説に関してだと、アメリカの小説家のフラナリー・オコナーですね。横山貞子さんの訳が好きなんです。これは衝撃的で、私にとってはまるで解決のつかない世界。小説というものを考えるうえではいつも念頭にあるというか、頭から取り去れないものとして長い間ありますね。

駒井　非常に大きな存在なんですね。

蜂飼　オコナーが書いている小説世界が結局何か最終的に自分には分かりきれないところがあって。やはり言語表現は人間の営みなので、それはやはり限界を目指すということじゃないかと思います。受け手にとってどう見えるかということとは全く別次元の話として、作る側の話になっているということです。創作するとか、表すということは、これぐらいにしておけばいいんだということはないと思うんですね。どうしてもまだ触れたことのないところに常に言葉を通していく。自分は全然それはできないけれども、オコナーはそれをやっている。

駒井 限界に挑むという、創作家というのはそういうものだという話はすごく示唆に富んでいますね。ところで日本の古典の現代語訳というお仕事をその後なさることになりますね。翻訳っていうお仕事というのは自分で小説を書いたり、詩を作ることとはちょっと違うお仕事ですよね。

蜂飼 翻訳はざっくりと言えば、言い換えですよね。この人はこう言ってる、この人はこう言ってるんだということをずっと続けていると、その作品が今自分が生きて使っている現代語に入れ代わるということですよね。私が翻訳した『堤中納言物語』は作者は不詳、分からないということになっているのですけど、一方で『方丈記』は鴨長明が書いたものですから、鴨長明さんがどういうことを言っているのかということを自分が今使っている日本語に1行ずつ置き換えていくわけですよね。それは鴨長明との会話でもあるし、『方丈記』というテキストとの対話でもある。その間のやり取りがとても面白いという体験でした。

駒井　著者とやり取りしている感じがあるわけですね。

蜂飼　そうです。

駒井　いろいろ伺ってきたんですけど、今はまだ未読で、この先絶対読んでみたいなという本がありましたら、ご紹介いただきたいんですけども。

蜂飼　いろいろあるんですけど。そうですね、読んだことのない古典ですかね。特に中国の古典をもっと読んでみたいなと思って。あとは日本だと空海ですかね。

駒井　ああ、空海ですか。

蜂飼　『文鏡秘府論』という詩論がありますね。そういうものをもっと詳しく読みたいんです。やっぱりそういうものって勉強しながらじゃないと読めない世界ですね。漢詩ももうちょっと読んでいきたいと思っています。

駒井　日本人は明治になってからも漢詩を作る習慣ってありましたよね。

蜂飼　そうですね。明治時代にも漢詩は愛好者が多かったですね。

駒井　森鷗外も作りますしね。

蜂飼　もう少し読みたいんですよね。やっぱり身近じゃなかったから。これまで自分の読書のなかでもあまり知らないから。でもそれって、今日お話しした10代の読書対象とはかなり違ってくるわけですけれど。

自分の周りに大切な本を増やしていく

駒井　つぎは若い人に読書についてアドバイスをいただけたらと思うんですけど。

蜂飼　どうでしょうかね。本好きの人は割と子どもの時から本を読むのは苦ではないと思うんです。逆に本を読むことが苦手だと思っている人は、読書の運動神経、それを少しずつ鍛えていくといいのではないでしょうか。そうするといつか読めるようになっていくところはあるんですよね。勘が働いた本からさらに導き出される本のルートというものがあるでしょうからそこを行く。同じ作者のものを読むなり、同時代の他の作家のものを読むなり、そこからどんどんひろがっていくのは自然に起こることだと思うので、そのようにして自分の周りに大切な本を増やしていく。

駒井　いいアドバイスをいただきました。運動のようなもので、やっているうちに。

蜂飼　私自身の経験ですよ。長い文庫本とか読むのはあまり得意じゃなかったんですよ。10代の頃は、一日に何ページも進まない。周りの友だちはどんどん読める人もいたから、自分はやっぱり理解が遅いのかなとも思ったりして。読み方のコツというものがあるんでしょうかね。

読むという動作に慣れてくるとテンポが生まれて、本が自分の中でどのように進んでいくかというのが体感できる。そのことを運動神経のようなものと申し上げたんです。

駒井 それは若い人にとっては素晴らしいアドバイスですね。

蜂飼 本というものは読むと読まないとでは全然違うと思うので。不思議なんですけど、読んでみるとそこからものの見え方が変わるということは実際起きますので。やはり現在はいろいろと選択肢が多い日常をみなさん過ごされているとは思うんですけど、本を手に取って読むということ、これは人間が言葉というものを通して積み上げてきたその道筋に触れることですから。私たちが読書をすることによって新たに開かれる可能性というものはあると思います。

駒井 最後に「私が本からもらったもの」を伺います。ひと言で言うのは難しいでしょうけれど、いかがでしょう。

蜂飼 何でしょうね。ひと言で言うと、人生の部品みたいなもの。

駒井 部品ですか？

蜂飼 はい、人生と言ってもいいんでしょうけど。人生の部品かなと思います。人生を成り立たせているネジとか、そういうもの。欠けるとバラバラになっちゃう。ネジで留めるようなイメージがあるんですね。

駒井　詩的な表現ですね。部品ってそういう意味ですね。何かすごく心に残ります。

蜂飼　人生のかたちを成り立たせる部品ですね。

駒井　今日は面白いお話をありがとうございました。

蜂飼　ありがとうございました。

読書案内

＊アーネスト・トンプソン・シートン『シートン動物記』（阿部知二訳、講談社青い鳥文庫）
＊福永令三『クレヨン王国の十二か月』（講談社青い鳥文庫）
＊L・M・モンゴメリ『赤毛のアン』（村岡花子訳、新潮文庫）
＊夏目漱石『それから』（新潮文庫）
＊宮沢賢治『宮沢賢治詩集』（谷川徹三編、岩波文庫）
＊フラナリー・オコナー『フラナリー・オコナー全短篇』（横山貞子訳、ちくま文庫）
＊作者未詳『虫めづる姫君　堤中納言物語』（蜂飼耳訳、光文社古典新訳文庫）
＊鴨長明『方丈記』（蜂飼耳訳、光文社古典新訳文庫）

あとがき

駒井稔

本書をお楽しみいただけましたでしょうか。「はじめに」で書いたように、期待に背くことはなかったと思いますが、いかがでしょうか。私自身、対談が終わる度に、なんと興味深い話を聞くことができたのだろうと、現場で収録を担当してくれたJPICの大森皓太さんと、その日の内容を熱く語り合ったことが忘れられません。このような対談企画を実現していただいたのは、「はじめに」でもご紹介した一般財団法人 出版文化産業振興財団（JPIC）の中泉淳事務局長です。そして具体的な企画については橋口丈さんにご担当いただきました。また、企画全体を通じて応援してくれた前嶋知明さんにも、この場を借りて御礼を申し上げます。皆さんのおかげで大変スムースに対談を進めることができました。

光文社新書で昨夏に刊行した『文学こそ最高の教養である』（駒井稔＋光文社古典新訳文庫編集部編著）は、古典新訳文庫で新訳をお願いした14人の翻訳者の方々に、紀伊國屋書店新宿本店でのイベントに登壇いただいた時の内容をまとめたものでした。幸い好評をもって迎えられましたが、本書では、その新書にも登場いただいた何人かの方々にも再びお話を伺っています。

この新書を含めて、いろいろなイベントで、新訳した本の内容について翻訳者の方々に話していただくことはありましたが、それぞれの翻訳者と本との出会いなどの具体的なエピソードなどは、実は私も今回、初めて聞く話がほとんどでした。もちろん、お願いした新訳の仕事が終わった後で食事やお酒の席でのお付き合いもありましたが、改まって読書について今回のような踏み込んだ話はしたことがなかったのです。読書についての個人史ですから、ある意味、当然と言えば、当然かもしれません。そういう意味でも私にとって、収録の時間は本当に新鮮で楽しく、実り多い時間でした。

さて、新書のあとがきでも書きましたが、同じ言い訳を一つ。この本の編著者が私の名前になっているのは、編とだけすると、あちこちの雑誌や本から原稿を持ってきたという印象を避けるためです。本当の著者は対談に登場いただいた8人の翻訳者の方々であることは言うまでもありません。傲慢の誹りを覚悟でこのようにした次第です。どうかご海容のほど。

最初に書いたように、この対談の内容があまりに新鮮で充実したものでしたので、なんとか書籍として残して、たくさんの本好きな方に読んでもらいたいと考えた私は、福岡の出版社で書肆侃侃房の藤枝大さんにお願いをしました。藤枝さんは、「ブックオカ」つまり本のブックと福岡のオカをかけた、福岡で毎年行われている本の祭典で知り合った若い優秀な文芸編集者だったからです。なんと、すぐに承諾のお返事をいただいて、信じられない思いでした。実は藤枝さんは私が書いた『いま、息をしている言葉で。――「光文社古典新訳文庫」誕生秘話』(而立書房)に古典新訳文庫を愛読する福岡の出版社で働く青年として登場しています。そんなご縁に恵まれて本書は刊行の運びとなりました。

対談が本の体裁を取るまでには、お話をしていただいた方々には大変なご面倒をお掛けしました。心より感謝申し上げます。そしてなによりも、本書が日本中の読書の好きな方々に、これ以上ない贈り物となることを願っております。もう、本離れなどと嘆く時代は終わったのではないでしょうか。深く広く本の世界が広がっていくことを祈ってやみません。

■編著者プロフィール

駒井稔（こまい・みのる）

1956年横浜生まれ。慶應義塾大学文学部卒。1979年光文社入社。広告部勤務を経て、1981年「週刊宝石」創刊に参加。ニュースから連載物まで、さまざまなジャンルの記事を担当する。1997年に翻訳編集部に異動。2004年に編集長。2年の準備期間を経て2006年9月に古典新訳文庫を創刊。10年にわたり編集長を務めた。
著書に『いま、息をしている言葉で。──「光文社古典新訳文庫」誕生秘話』（而立書房）、編著に『文学こそ最高の教養である』（光文社新書）がある。現在、ひとり出版社「合同会社駒井組」代表。

私が本からもらったもの
翻訳者の読書論

2021年10月6日　第1刷発行

編著者　駒井稔
発行者　田島安江
発行所　株式会社 書肆侃侃房（しょしかんかんぼう）
〒810-0041　福岡市中央区大名2-8-18-501
TEL 092-735-2802　FAX 092-735-2792
http://www.kankanbou.com　info@kankanbou.com

編集　藤枝大
DTP　黒木留実
印刷・製本　モリモト印刷株式会社

ISBN978-4-86385-487-1　C0095